Dies ist kein gewöhnlicher Stadtführer für Leipzig. Du begibst dich mit unseren neun Leipziger Scouts auf eine vielschichtige und persönliche Reise zu deren Lieblingsorten in und um die Stadt. Sie kennen Leipzig durch und durch, denn hier ist ihre Heimat. Sie leben und arbeiten hier.
Unseren lokalen Scouts gebührt ein ganz besonderer Dank, ohne sie gäbe es diesen Reiseführer nicht. Mit ihren Beiträgen heben sie für Besucher den Vorhang, der das Leipzig hinter den Kulissen zeigt. Das Leipzig der lokalen Bewohner.

Deine Scouts für Leipzig

Dorit Kristine Arndt — Geografin und Journalistin

Versteckte Kinovorführungen und vieles mehr: Welche Orte in Leipzig ziehen dich besonders an?

»Viele Orte in Leipzig stahlen ein ganz bestimmtes, eigenes Flair aus. Diese Orte, wo ich das Gefühl habe, hier ist es authentisch, die mag ich.«

Sabrina Lieb — Journalistin

Du bist von Heidelberg nach Leipzig gezogen — was ist dir als »Neue« in Leipzig besonders aufgefallen?

»Wie grün das hier alles ist! Aber auch wie flach! Ich war zuvor noch nie in Leipzig, meine erste Fahrt hierher war quasi mein Umzug — mit Matratze im Kofferraum und Lampenschirm auf dem Beifahrersitz.«

Tilmann Löser — Musiker

Es ist schönstes Wetter an einem Leipziger Sonntag? Wohin treibt es dich?

Mich treibt ein Spaziergang durch den Auenwald, entlang der Elster, um schließlich im Leipziger Café »Glashaus« einzukehren und die eine oder andere Köstlichkeit mitten im Grün zu genießen

Jan Oliva — Theologiestudent

Leipzig und seine Denkmäler — welche Geschichte gibt es dazu aus deiner Sicht zu erzählen?

»Als ich für unsere Fakultätszeitschrift eine Fotostrecke über Denkmäler in Leipzig gemacht habe, ist mir erst bewusst geworden, wie viele es davon in dieser Stadt gibt. Dabei sind Denkmäler für das Verständnis einer Stadt und ihrer Vergangenheit unglaublich aufschlussreich.«

Tobias Prüwer — Freier Autor

Du brauchst einen Ort des Rückzugs an einem hektischen Tag — wo gehst du hin in der Stadt?

»Am besten kann man sich diesem an den Hotspots der Stadt entziehen, wo es zwar quirlig, aber nicht hektisch zugeht. Im Sommer hänge ich gern sitzend auf Schaufensterbänken am Südplatz ab.«

Franziska Reif — Sprachwissenschaftlerin

Welche Entwicklung zieht deinen journalistischen Blick ganz besonders an?

»Ich beobachte unter anderem, wie sich Orte verändern: Straßennamen, die vor einem halben Jahr noch niemand kannte, sind auf einmal in aller Munde, tote Ecken werden belebt.«

Hannah Rößner — Theologiestudentin

Welcher Ort zeigt die Ereignisse der Friedlichen Revolution aus deiner Sicht am deutlichsten?

Die Nikolaikirche. »Offen für alle« — dieses Motto wurde gelebt und der Friedensgedanke aus den Montagsgebeten auf die Straße getragen.

Konrad Sell — Marketingleiter

Hilfe, Verwandte kommen zu Besuch! Wo gehst du mit ihnen hin?

»Essen gehe ich mit ihnen im Uniriesen oben im letzten Stock im Panorama-Restaurant oder bei Kowalski im Musikviertel. Für Unterhaltung sorgen zahlreiche Kabaretts und Theater.«

David Zimmermann — Schriftsteller und Werbetexter

Was verbindet dich persönlich mit der Stadt?

»Na, auch die Literatur. Und eine großartige Gründungsinitiative namens »SMILE«. Und der ganze Raum. Es ist soviel Platz da, mit dem sich gut arbeiten und leben lässt.«

▶ Inhaltsverzeichnis

4. Leipzig West 98

5. Leipzig Nord 138

Einladung zum Schmökern

Dieser Stadtführer bietet verschiede Möglichkeiten der Orientierung. Zum einen lädt er ein zum Schmökern, denn die Scouts erzählen in ihren Ortsbeschreibungen auch über das Bild ihrer Stadt heute und damals, über Anekdoten, Veränderungen und Althergebrachtes, über Lustiges und Kritisches — eben über das Leipziger Leben.

Navigation nach Stadtteilen

Zum anderen kannst du mit diesem Stadtführer durch die Stadt navigieren. Dabei hilft dir die Aufteilung in die sechs Regionen: Leipzig Innenstadt, Leipzig Nord und Ost, Süd und West und das südliche Umland der Stadt. In der vorderen Innenklappe findest du eine Übersichtskarte mit allen Tipps der Scouts.

Infobox

Am Ende jedes Beitrags befindet sich die Infobox »Gut zu wissen« mit genauem Standort, Angaben zu Webseiten, Öffnungszeiten oder was sonst noch wichtig ist. Mit einem Stadtplan, der Übersichtskarte in der Innenklappe, dem Smartphone oder GPS kannst du die Orte problemlos finden.

QR-Code zum Download der GPX-Routen

Und für alle Technikbegeisterten findet sich bei den Stadtspaziergängen ein QR-Code, mit dem du die Strecke direkt auf dein Smartphone laden kannst — oder du nutzt den dazugehörigen Kartenausschnitt im Buch. Mehr interaktives Kartenmaterial findest du auf der Webseite zum Stadtführer Leipzig:

www.scottyscout.com/leipzig

Reisethemen

Du findest im Stadtführer eine weitere Möglichkeit der Orientierung, die Reisethemen. Wenn du beispielsweise gerade im Westen Leipzigs bist und Lust auf ein Café hast, findest du die Beiträge unserer Scouts im jeweiligen Stadtteil versehen mit dem passenden Symbol.

Stadtspaziergänge

Geschichte

Kunst & Kultur

Essen & Trinken

Einkaufen

Flora & Fauna

Ruhe & Entspannung

Menschen & Meinungen

Gleich drei Flüsse prägen das Stadtbild und Lebensgefühl in Leipzig: Elster, Pleiße und Parthe. Flach wie eine Bratpfanne liegt die Stadt in der Tieflandbucht, mittendurch zieht sich ein grünes Band, der Auwald. Letzteren nutzen die Leipziger nicht nur zur Erholung, sondern auch, um mit dem Rad schnell von A nach B zu kommen. Und an sonnigen Tagen paddeln Besucher und Einheimische auf den Wasseradern durch die Stadt bis in das Seenland im südlichen Umland. Während der Norden eher geprägt ist von Villen- und Gründerzeitvierteln und auch der Zoo dort sein Refugium hat, gibt es im Osten der Stadt günstige Wohnungen und eine multikulturelle Mischung der Bewohner. Der Süden hat mit der Karl-Liebknecht-Straße, von Einheimischen liebevoll »Karli« genannt, eine links-alternative Einkaufs- und Flaniermeile und im Westen der Stadt sammeln sich Gründergeist und Kulturschaffende in ehemaligen Industriebauten. Und im Zentrum? Auf engstem Raum finden sich hier der historische Hauptbahnhof, die Thomaskirche, Museen und Orte der Friedlichen Revolution. Um deine eigene Wahrheit über Leipzig herauszufinden, hilft dir dieser Stadtführer und darüber hinaus folgende Informationen:

Aktuelles über Leipzig im Netz

Das Stadtmagazin »kreuzer« ist am Kiosk erhältlich und bietet zudem für eine aktuelle Veranstaltungsübersicht und ausgewählte Artikel zum Geschehen in Leipzig eine Online-Version:

www.kreuzer-leipzig.de

Weitere Tipps zu Veranstaltungen und einen reichhaltigen Themenüberblick in Druck und Netz bietet das Magazin »urbanite«:

www.urbanite.net/leipzig

Zur Einstimmung Ungewöhnliches für die Ohren: Studentisches Lokalradio »mephisto 97,6«. Werktags von 10 bis 12 Uhr und 18 bis 20 Uhr nehmen Studierende der Universität Leipzig das aktuelle Stadtgeschehen und Veranstaltungen unter die Lupe. Der Sender ist auch per Livestream zu hören:

www.mephisto976.de

Nahverkehr

Die Leipziger Verkehrsbetriebe verfügen über ein gut ausgebautes Netz an S-Bahn, Straßenbahnen und Bussen. Direkt am Hauptbahnhof befindet sich das Servicezentrum: Willy-Brandt-Platz, 04109 Leipzig. Servicezeiten: Mo. – Fr. 8 bis 20 Uhr, Samstag 8 bis 16 Uhr.

www.l.de/verkehrsbetriebe

Unterwegs mit dem Fahrrad

Leipzig ist eine ideale Fahrradstadt. So kann man die Stadt noch mal aus einem ganz anderen Blickwinkel kennenlernen. Es gibt in der Stadt eine Vielzahl an Verleihstationen. Eine kleine Auswahl listen wir hier auf. Vor Ort lohnt es sich auch, beim nächstbesten Fahrradladen nachzufragen.

KÜHNIS Radhaus, Dieskaustraße 459, 04249 Leipzig, Verleih-Telefon: +49 (0)179 5211628. Kühnis verleiht auch E-Bikes.

www.kuehnis-fahrradeck.de

Little John Bikes, Martin-Luther-Ring 3-5, 04109 Leipzig, Tel. +49 (0)341 4625919, leipzig-zentrum@littlejohnbikes.de

www.littlejohnbikes.de

Der bundesweite Anbieter nextbike betreibt ebenfalls einen lokalen Verleihdienst in Leipzig:

www.nextbike.de/de/leipzig

Unterwegs auf dem Wasser

Leipzig kann man besonders gut auf dem Wasser erkunden. Entlang der Flüsse gibt es mitten in der Stadt einige Verleihstationen, die ab April geöffnet haben, Details finden sich auf den Webseiten:

Bootsverleih Leipziger Eck, Schleußiger Weg 2a, 04275 Leipzig,

www.bootsverleih-leipzig.de

Kanuverleih am Rennbahnsteg, Rennbahnweg 2a, 04107 Leipzig,

www.kanuverleih-leipzig.de

Stadthafen Leipzig, Schreberstaße 20, 04109 Leipzig. Im Stadthafen können auch Fahrräder und E-Bikes ausgeliehen werden.

www.stadthafen-leipzig.com.

1

Leipzig

Innenstadt

Übersicht Scoutbeiträge

Passagen, Durchlässe, Höfe prägen den Charakter der Stadtmitte. Mehr als 20 solcher Waren-Gehäuse erinnern an die frühere City-Lage der Messe. Zwischen die Straßenansicht dominierenden Glasfassaden moderner Ketten zeichnen sich als Perlen historische Stätten ab, wie die Thomas- und Nikolaikirche, an denen Bach und Mendelssohn Bartholdy wirkten. Letztere war auch ein Ort der Friedlichen Revolution. Stätten der Hochkultur wie Gewandhaus, Oper und Schauspiel residieren hier. Besonderen Baustilmix inklusive DDR-Moderne zeigen Augustplatz und Kolonnadenstraße. Nicht nur Eis essen solltest du im gründerzeitlichen Musikviertel. Alles über die Stadtgeschichte lernst du im Alten Rathaus. Stehst du weniger auf Museum, dann teste doch auf dem Wochenmarkt die Güte des regionalen Obstes.

Bild S. 15: Roßplatz mit Ring Café

Stadtspaziergang: Aussicht vom Weisheitszahn

von Franziska Reif

»Wie schön, da können wir doch gleich noch zum Völkerschlachtdenkmal rüberlaufen!« Der Besuch ist voll Tatendrang. Direkt vom Zug in den Fahrstuhl zur Aussichtsplattform gestiegen, scheint von hier oben kein Weg zu weit, um noch in das enge Zeitfenster bis zum Konzert heute Abend zu passen. Hier oben, 120 Meter über der Stadt, das ist das Dach des markanten und weithin sichtbaren Hochhauses am Augustusplatz, gelegen zwischen Gewandhaus, Universität und Moritzbastei.

City-Hochhaus, Uniriese, MDR-Turm: Der zentral gelegene Fixpunkt im flachen Gelände hat einige Namen bekommen, seit er 1972 — damals mit 142,50 Metern noch das höchste Gebäude Deutschlands — fertig gestellt und Teil des Universitätscampus wurde. In dieser Zeit hat er seinen auf Wissen oder Schmerzen anspielenden Spitznamen »Weisheitszahn« erhalten: Angeblich erinnert die Bauform mit nach innen gewölbten Längsseiten und der darüber ragenden schmalen Seite an ein aufgeschlagenes Buch. Im Buch sitzen inzwischen unter anderem der MDR-Klangkörper, die Europäische Strom- und Energiebörse und das Panorama-Restaurant.

Zwei Etagen über dem Restaurant steht nun der Besuch, der hierher gebracht wurde, um einen ersten Eindruck zu erhalten und vielleicht auch einen Überblick. Entsprechend gibt es begeisterte Fragen mit aufgeregten Zeigebewegungen in alle Richtungen. Naja, fast: Die Längsseite des Buchs verhindert den Panoramablick nach Osten — was natürlich nicht bedeutet, dass es im Osten gar nichts zu sehen gäbe.
Ein Gefühl für Entfernungen ist bei dieser Form des Abstands scheinbar nicht zu erwarten. Das ist auch kein Wunder, wenn im Süden die Seen in greifbarer Nähe in der Son-

► Gut zu wissen:

City-Hochhaus, Augustusplatz 9, 04109 Leipzig, Tel. +49 (0)341 7100590. Der Fahrstuhl fährt nur bis zur 29. Etage, für die restlichen zwei Stockwerke gibt es eine Treppe. Öffnungszeiten: Tägl. ab 9 Uhr, Mo. – Do. und So. bis 22.30 Uhr, Fr. und Sa. bis 23.30 Uhr. Anreise: Haltestelle Augustusplatz.

ne glänzen. Menschen entgehen der Wahrnehmung gänzlich und Busse und Bahnen gehen nicht mal als Spielzeug durch. Für den Durchblick bei all den Gebäuden, Kirchtürmen und Schornsteinen sollte ein auskunftswilliger Ortskundiger nicht fehlen. Der kann zum Beispiel darauf hinweisen, dass bis zum Völkerschlachtdenkmal — das Monstrum nimmt sich von hier geradezu niedlich aus — etwa vier Kilometer zurückzulegen sind, zuzüglich möglicher Ablenkungen auf der Strecke.

Stadtspaziergang: Orte der Friedlichen Revolution

von Hannah Rößner

3,0 km

Die Friedliche Revolution ist die Lebensgeschichte vieler Leipziger. Zum Beispiel meines Nachbarn, der von seiner Haft nach einer Demonstration erzählt. Oder die Geschichte der Frau, die mit Tränen in den Augen neben mir auf dem Lichtfest steht. Und so bunt wie die Menschen, die sich für die Friedliche Revolution eingesetzt haben, so bunt sind heute die zahlreichen Erinnerungsorte dazu. Allein im Nikolaikirchhof finden sich drei künstlerische Denkmale, die den Drang nach Freiheit symbolisieren. Friedliche Revolution in Leipzig — das sind die Friedensgebete, die Montagsdemonstrationen und viele Aktionen mehr.

Das zentrale Ereignis aber war die Demonstration am 9. Oktober 1989. Diesem Datum ist mittlerweile ein Fest gewidmet und wenn aus den Fenstern des Uniriesen die »89« auf den Augustusplatz strahlt, dann ist es wieder so weit: Leipzig feiert das Lichtfest. Erinnert wird an den 9. Oktober 1989, weil an diesem Montag 70.000 Männer und Frauen für Freiheit und Demokratie einstanden. Alle hatten eine ordentliche Portion Mut dabei. Denn die Staatsmacht stand bereit, den Demonstrationen ein Ende zu setzen. Doch der Ruf »Keine Gewalt« erschallte auf dem Leipziger Ring. Und die Demonstranten waren keine kleine Randgruppe mehr, sie waren das Volk. Und sie liefen von der Nikolaikirche auf den Augustusplatz und weiter zum Hauptbahnhof. Vorbei an der Reformierten Kirche, von deren Turm heimlich gefilmt wurde. Die Demonstranten zogen an der Runden Ecke, dem Sitz der Stasi vorbei. Und jede Woche wurden es mehr. Als Anfang November eine halbe Million Menschen um den Ring liefen, starteten die Letzten, als die Ersten schon wieder auf dem Augustusplatz ankamen.

Das größte Kunstwerk zu der Entwicklung im Jahr 1989 ist ein Gemälde von Michael Fischer-Art. Das Werk wurde 2009 an einer Häuserfassade zwischen den Straßen Brühl und Richard-Wagner-Straße angebracht.

Gut zu wissen:

Start des Stadtspaziergangs: Nikolaikirchhof, 04109 Leipzig. Auf der Strecke liegen die im Text erwähnten Orte. Download der App »Leipzig '89« auf der Webseite: www.runde-ecke-leipzig.de. Dort werden auch Stadtführungen angeboten: Samstags, 14 Uhr, Preis: 4€. Anreise: Haltestelle Augustusplatz.

Auf 3.000 Quadratmetern zeigt es im ersten Teil — ganz links — die Massendemonstrationen in Leipzig. Der Mittelteil des Gemäldes, in dem man Ereignisse aus dem Sommer 1989 erkennen kann, zeigt einen Teil der Vorgeschichte.

Wer aber die Vorgeschichte speziell in Leipzig nachvollziehen will, dem empfehle ich mit der App »Leipzig '89« die Stadt zu erkunden. Mit dem geschichtlichen Hintergrund aus dem Jahr 1989 ermöglicht sie einen neuen Blick auf die Orte in der Innenstadt, sei es der Thomaskirchhof, der Markt oder viele andere.

Stadtspaziergang: Ein Blick hinter historische Kulissen — eine Führung durch den Turm der Thomaskirche

von Jan Oliva

Johann Sebastian Bach und der Thomanerchor — die Bedeutsamkeit der Thomaskirche steht außer Zweifel. Wer einmal hinter die Kulissen dieses bemerkenswerten Ortes schauen will, dem sei eine Turmbesichtigung ans Herz gelegt. Erklimmt man die 232 Stufen, so begibt man sich gleichzeitig auf eine Reise durch die Stadtgeschichte Leipzigs. Im unteren der drei von außen gut zu unterscheidenden Turmteile, der aus dem 13. Jahrhundert stammt, findet sich ein »Graffiti« eines sächsischen Fußartilleristen: Während ihrer Besetzung Leipzigs ab 1806 benutzten Napoleonische Truppen die Thomaskirche als Waffenlager, besagter Turmraum diente als Wachstube.

Weiter geht es hinein in den Dachstuhl, der zu 70 Prozent im Original erhalten ist. Die geschickte Behandlung des aus dem Vogtland stammenden Holzes vor dem Einbau entzog die Zellulose, die Balken verloren somit ihre Attraktivität für Holzwürmer und bis heute erübrigt sich der Einsatz von Holzschutzmitteln. Mit einem Neigungswinkel von 62° besitzt die Thomaskirche nicht nur eines der steilsten Kirchendächer in Deutschland, vielmehr ergibt sich hieraus auch ein praktischer Nutzen: Ab einer Höhe von 5 Zentimetern rutscht der Schnee von selbst ab und stellt somit keine Gefahr dar — weder für die Statik des Daches noch für Menschen unten auf dem Kirchhof. Den Bomben der Alliierten im Zweiten Weltkrieg konnte das Kirchenschiff jedoch nicht standhalten, die im 16. Jahrhundert aufgesetzte Turmhaube wurde gar auf den Kirchplatz geschleudert. Sowohl von Bombentreffern als auch von Einschmelzung verschont blieb dagegen das Geläut.

Im zweiten Bauabschnitt, einem achteckigen Aufbau aus dem 14. Jahrhundert, befindet sich die Türmerwohnung. Bis 1917 lebte hier der Türmer mit seiner Familie. Alle

► Gut zu wissen:

Thomaskirche, Thomaskirchhof 18, 04109 Leipzig, www.thomaskirche.org, Tel. +49 (0)341 22224100. Turmführungen von April bis November, samstags 13 Uhr, 14 Uhr und 16.30 Uhr; sonntags 14 Uhr und 15 Uhr. Dauer ca. eine Stunde, 2€, Kinder bis 12 Jahren frei. Anreise: Haltestelle Thomaskirche, Straßenbahn (Linie 9).

15 Minuten hatte er die Stundenglocke zu läuten und nach Feuer Ausschau zu halten — klingt nach einer fragwürdigen Work-Life-Balance. Auf dem Galerieumgang in 50 Metern Höhe angekommen, entdeckt der heutige Besucher in den seltensten Fällen ein Feuer. Dafür bietet sich eine überwältigende Aussicht über die gesamte Leipziger Tieflandbucht. Spätestens hier beantworten die Turmführer bereitwillig alle Fragen. Jeder der insgesamt 12 ehrenamtlichen Führerinnen und Führer der Kirchgemeinde St. Thomas verleiht dem Rundgang eine persönliche Note: Meine Freundin war schon viermal auf dem Turm und jedes Mal gab es etwas Neues.

Gleis 24 — historische Schienenfahrzeuge im Leipziger Hauptbahnhof

von Konrad Sell

Der größte Kopfbahnhof Europas ist spätestens seit dem Werbespot mit »Freude schöner Götterfunken« und dem »Britain's Got Talent«-Gewinner Paul Potts bekannt. Diverse Werbeproduktionen lassen selbst Einheimische öfter innehalten und auch zahlreiche Flashmob-Gruppen nutzen die hervorragenden akustischen und visuellen Eigenschaften seiner beiden Eingangshallen für ihre artistischen Zwecke.

Ein Besuch lohnt aber auch ohne Musik- oder Werbeeinlage. Hier kann man Architektur bestaunen: Zwei ehemalige Wartesäle auf Gleisebene mit Holztäfelung, ausladende Deckenlampen und — auf der Westseite — ein einladendes Café, Sandsteinfassaden und ausufernde gusseiserne Dachkonstruktionen mit Eifelturm-Reminiszenzen. Das Gebäude lädt ebenso ein zum alljährlichen Bewundern seiner Weihnachtsdekoration oder einfach nur zum Bummeln.

Ganz besondere Aufmerksamkeit verlangt aber das letzte Gleis, das Gleis 24, auf dem einige historische Bahn-Pretiosen der Erkundung nicht nur des enthusiastischen Hobbyeisenbahners harren. So findet sich hier eine Dampflok BR 52, die zwischen 1943 und 1986 (!) in Betrieb war. Außerdem kann man drei Elektrolokomotiven aus den Dreißiger bis Fünfziger Jahren unterschiedlicher Bauart bestaunen, unter anderem ein Exemplar in heute nicht mehr gebräuchlichem Fünfachs-Layout. Persönliches Lieblingsstück des Autors aber ist das letzte noch existierende Exemplar des Regierungssalontriebwagens (SVT 137 Bauart Hamburg), ein zwei-, später dreiteiliger Schnellzug in lila, von dem ab 1935 nur 30 Stück entstanden. Dieser war vor Allem im Norden der Republik zwischen Berlin, Hamburg, Köln, Frankfurt, Wesermünde, Leipzig und Köln, aber auch im Süden zwischen München und Stuttgart ab 1960 in seiner heutigen Form unterwegs und war damals der schnellste Zug der Welt.

Gut zu wissen:

Gleis 24, Leipzig Hauptbahnhof, Willy-Brandt-Platz 5, 04109 Leipzig. Einmal im Monat gibt es sonntags eine Bahnhofsführung. Beginn: 11 Uhr, 8€. Treffpunkt am Servicepoint der DB, Informationen: www.leipzigdetails.de

Museum in der »Runden Ecke« — Ausstellung zur Stasi

von Hannah Rößner

»Krumme Ecke Schreckenshaus — wann wird ein Museum draus«, so kann man auf einem Transparent im Flur des Museums in der »Runden Ecke« lesen. Es ist ein Zeugnis der Friedlichen Revolution aus dem Herbst 1989 und Zeugnis für den Wunsch vieler Bürgerinnen und Bürger der ehemaligen DDR die Schrecken der Stasi endlich in ein Museum verbannen zu können. In Leipzig beherbergte das Gebäude »Runde Ecke« von 1950 bis 1989 die Bezirksverwaltung des Ministeriums für Staatssicherheit der DDR. Welche Ausstrahlungskraft es hatte begriff ich, als eine Besucherin des Museums mir erzählte, sie habe sich 20 Jahre nach dem Ende der DDR zum ersten Mal getraut das Gebäude zu betreten. Heute findet man darin die Stasi tatsächlich als Museumsgegenstand. Schon 1990 eröffnete das Bürgerkomitee in Leipzig eine erste Ausstellung über die Stasi. Diese ist bis heute im Museum in der »Runden Ecke« integriert.

Steigt man die halbrunden Stufen im Eingangsbereich nach oben und tritt linkerhand in die Ausstellung »Stasi — Macht & Banalität«, dann landet man in einer anderen Welt. Hier kann man die DDR noch riechen — sie hängt fest in den Vorhängen, Fußböden und in der Einrichtung der Räume. Die Ausstellungsräume beschäftigen sich überwiegend mit den Arbeitsmethoden, durch welche die Stasi ihr Amt als »Schild und Schwert der Partei« ausübte. Eine Zelle aus der Untersuchungshaftanstalt, Geräte aus der Postkontrolle, Geruchskonserven, Verkleidung und vieles mehr zeigen eindrücklich auf, wie die Stasi Lebenswege der Bürger der DDR manipuliert hat, um die eigene Ideologie mit allen Mitteln durchzusetzen.

Die Ausmaße des Überwachungsapparates in der DDR nahm ich besonders eindrücklich wahr, als ich den Bürogebäudekomplex der Stasi einmal umrundet habe. Denn dazu gehörte nicht nur das

▶ Gut zu wissen:

Museum in der »Runden Ecke«, Dittrichring 24, 04109 Leipzig, www.runde-ecke-leipzig.de, Tel. +49 (0)341 9612443. Öffnungszeiten: Mo. – So. 10 bis 18 Uhr (Eintritt frei). Empfehlung: Mit dem Audioguide oder einer Führung (tägl. 15 Uhr) durch die Ausstellung gehen. Anreise: Haltestelle Thomaskirche, Straßenbahn (Linie 9).

Gebäude am Dittrichring, sondern auch der 1985 fertig gestellte Plattenbau, der als hässlichstes Gebäude in der Leipziger Innenstadt ins Auge sticht. Dort fanden 1989 rund 800 hauptamtliche Mitarbeiter Platz.

Übrigens: Möchte man Einsicht in mögliche Stasi-Akten über die eigene Person beantragen, dann ist man hier auch an der richtigen Adresse. Wendet man sich im Eingangsbereich nach rechts, kommt man zur BStU, der Behörde die heute die 170 Kilometer Aktenmaterial der Stasi verwaltet.

Nicht nur bei Regen einen Besuch wert — das Zeitgeschichtliche Forum

von Jan Oliva

Folgendes Szenario: Ich habe Besuch, die Planungen sehen ausgedehntes Schlendern durch die Innenstadt vor und dann das — es regnet. Aber deswegen muss man den Tag noch lange nicht als ins Wasser gefallen bezeichnen, denn auch in solchen Fällen hat Leipzig allerhand zu bieten: Zum Beispiel einen Besuch im Zeitgeschichtlichen Forum.

Das Museum in unmittelbarer Nähe des Marktplatzes ist Teil des »Haus der Geschichte der Bundesrepublik Deutschland«, dessen weitere Standorte sich in Bonn und Berlin befinden. Die als Zeitgeschichte bezeichnete Epoche behandelt die Zeit von 1945 bis heute. Eröffnet im Jahre 1999 will das Zeitgeschichtliche Forum Leipzig mittels Ausstellungen und Veranstaltungen zur Auseinandersetzung mit der deutschen Geschichte seit dem Zweiten Weltkrieg anregen.

Das Herz der Einrichtung bildet die Dauerausstellung, die unter dem Titel »Teilung und Einheit, Diktatur und Widerstand« insbesondere die Geschichte der DDR beleuchtet. Zentrale Ereignisse — zum Beispiel die Berliner Luftbrücke, Staatsgründung, der Aufstand von 1953 und Mauerbau bis hin zur Friedlichen Revolution 1989 — aber auch das alltägliche Leben im »real existierenden Sozialismus« werden anhand geschickt inszenierter Exponate veranschaulicht. So bekommen auch junge Menschen ein eindrückliches Bild von dem, was sie lediglich aus dem Geschichtsbuch oder den Erzählungen der (Groß-)Eltern kennen.
Auch medial hat man sich einiges einfallen lassen. Etwa werden in einem kleinen Kinoraum mit authentischem Gestühl Ausschnitte aus Filmen der Nachkriegszeit gezeigt, die sich mit dem Nationalsozialismus auseinandersetzen. Das Ausstellungsstück, das es mir persönlich angetan hat, ist der Originaltisch, an dem das Politbüro des SED-Zentralkomitees seine Entscheidungen fällte. Oh, wenn dieser Tisch doch

► Gut zu wissen:

Zeitgeschichtliches Forum Leipzig, Grimmaische Straße 6, 04109 Leipzig, www.hdg.de, Tel. +49 (0)341 22200. Öffnungszeiten: Di. – Fr. 9 bis 18 Uhr. Sa., So., feiertags: 10 bis 18 Uhr (Eintritt frei). Achte auf Ankündigungen für Filmvorführungen und Vorträge. Anreise: Haltestelle Markt, S-Bahn (Linien S1 – S5).

reden könnte… Ebenfalls eine nette Idee: Am Eingang spuckt ein Automat ein Kärtchen mit dem Namen einer Person aus. Indem man die Karte an verschiedenen Stellen in der Ausstellung scannt, begleitet man die Person durch die Jahrzehnte und erfährt, wie die Person das jeweilige Ereignis erlebt hat. Abstrakt und weit entfernt scheinende Geschichte bekommt so ein konkretes Gesicht. Zusätzlich zur Dauerausstellung gibt es stets zwei Wechselausstellungen, die etwa einmal im Jahr ausgetauscht werden. Aber um die auch noch zu schaffen, muss es schon den ganzen Tag durchregnen.

Bundesverwaltungsgericht — ein Ort, der immer noch Geschichte schreibt

von David Zimmermann

Das Bundesverwaltungsgericht ist so groß, dass es von fast jeder erhöhten Position in Leipzig sofort ins Auge fällt, beispielsweise vom Fockeberg oder vom MDR-Turm aus. Im September 2015 bin ich im Bundesverwaltungsgericht in einer öffentlichen Anhörung gewesen. Die Anhörung ging um das Recht, bei einer Abschiebung die Art und Weise der Ausreise zu bestimmen. Also vor allem darum, ob man sich, wenn die Abschiebung schon feststeht, allein in den Zug setzen darf oder von Beamten dorthin gebracht oder sogar im Zug begleitet wird. Im Saal waren zwei Fernsehteams und sonst fast niemand: Die öffentlichen Anhörungen sind sehr speziell und meistens schlecht besucht. Das ist schade, denn hier lässt sich ein wichtigen Pfeiler eines demokratischen Staates erleben.

Das Bundesverwaltungsgericht wird besonders mit dem Reichstagsbrandprozess in Verbindung gebracht. Ende Februar 1933 wurde der Reichstag in Berlin in Brand gesetzt, die Umstände und vor allem die Täterschaft sind bis heute unklar. Der Prozess im damaligen Reichsgericht in Leipzig gilt inzwischen als eine der letzten juristischen Auseinandersetzungen, die während des Regimes der Nationalsozialisten nicht eindeutig zu deren Gunsten ausging. Allerdings erging am Tag nach dem Brand die sogenannte Reichstagsbrandverordnung, die die Grundrechte der immer noch jungen Weimarer Republik praktisch außer Kraft setzte und somit den Weg für politische Verfolgung ebnete.

Im Bundesverwaltungsgericht werden heute regelmäßig Führungen zur Geschichte und Tätigkeit des Gerichts angeboten und viele der Anhörungen und Verhandlungen sind für die Öffentlichkeit frei zugänglich. In beiden oben genannten Urteilen wurde übrigens Geschichte geschrieben: Im Urteil vom Dezember 1933 zum Reichs-

Gut zu wissen:

Bundesverwaltungsgericht, Simsonplatz 1, 04107 Leipzig, www.bverwg.de. Öffnungszeiten: Mo. – Fr. 8 Uhr bis 16 Uhr. Führungen nach Vereinbarung. Anreise: Haltestelle Neues Rathaus bzw. Wilhelm-Leuschner-Platz.

tagsbrandprozess wurde zwar der Hauptangeklagte zum Tod verurteilt, die Nebenangeklagten aber gegen den Willen der Nationalsozialisten frei gesprochen. Der pakistanische Ausgewiesene von 2015 und andere Menschen in seiner Situation haben zukünftig die Möglichkeit, über die Art und Weise ihrer Abschiebung frei zu entscheiden, wenn sie über ausreichend finanzielle Mittel verfügen und selbständig initiativ werden. Die Folgen dieses Entscheids sind noch nicht absehbar.

Ein Sinnbild verwitterten Deutschtums? Die Löwenskulptur im Neuen Augusteum

von Jan Oliva

Wenn ich als Besucher den ganzen Tag in einer Stadt unterwegs bin, freue ich mich über Orte, an denen ich meinen müden Füßen eine Pause gönnen, einen Blick in den Reiseführer werfen und mich meinen Butterbroten widmen kann. Ein solcher Ort ist das Hauptgebäude der Universität Leipzig, das sogenannte Neue Augusteum am Augustusplatz. So richtig gemütlich ist das Ambiente zugegebenermaßen nicht und auch der Löwe, der durch eine Glasscheibe getrennt wenige Meter neben den bunten Polsterbänken rastet, scheint sich in dem weitläufigen Eingangsportal nicht recht wohlzufühlen. Dafür gibt es auch hier wieder eine denkwürdige Geschichte zu erzählen, genauer gesagt handelt es sich um Universitätsgeschichte.

Der Löwe war ursprünglich Teil eines Denkmals für die im Ersten Weltkrieg gefallenen Studenten, Professoren und Angestellten der Universität Leipzig — 1.396 an der Zahl. Der Universitätsbetrieb muss während des Krieges stark eingeschränkt gewesen sein. Im Jahre 1924 enthüllt, stand das Denkmal seitdem in der Wandelhalle des Alten Augusteums. Der damalige Professor für Klassische Archäologie, Dr. Franz Studniczka, sah in der Skulptur den »Löwen der deutschen Volkskraft, der sich aus seiner tiefen Erniedrigung wieder erheben muss zu neuer, dauerhafter Staatsmacht und Größe.« Worte, die programmatisch klingen für den nächsten Weltkrieg, der nur

► Gut zu wissen:

Neues Augusteum, Augustusplatz 10, 04109 Leipzig. Öffnungszeiten: Mo. – Fr. 7 bis 21 Uhr. Am Infotresen bekommt man Material zu den weiteren Artefakten im Haus. Alternativ gibt es das Material auch online, einfach »Kunstschätze im Neuen Augusteum« in die Suchmaschine eingeben. Anreise: Haltestelle Augustusplatz.

15 Jahre später begonnen wurde. Der Sprengung des Alten Augusteums 1968 konnte der Löwe entgehen und stand anschließend längere Zeit Wind und Wetter ausgesetzt in der Nähe des Shoppingcenters »Höfe am Brühl«. Diese Jahre haben der Substanz des Steins merklich zugesetzt und so wirkt der einstmals so stolze Löwe, Verkörperung von Stärke und Macht, heute arg mitgenommen: Ein Sinnbild verwitterten Deutschtums? Die anhaltende Existenz der nationalistischen Pegida-Bewegung spricht leider momentan eine andere Sprache.

Gründerzeit und Platte — die Kolonnadenstraße

von Franziska Reif

»Die macht jetzt hier Fotos und dann kommtse wieder und kauft alles auf.« Zwei junge Männer sitzen während ihrer Mittagspause auf einer Treppe in der Kolonnadenstraße und denken ziemlich laut darüber nach, ob sie sich hier bald die Miete nicht mehr leisten können. Dabei will die Frau mit der Kamera nur die ziemlich spektakulären Fassaden ablichten, um diesen Beitrag bebildern zu können. Klar, die Straße könnte schlechter gelegen sein: Nah der Innenstadt und doch ein wenig abgeschieden, der Johannapark ist nicht weit. Den Eingang bildet der Dorotheenplatz, von dem aus Straßen strahlenförmig abgehen. Das ist auf die Achsen der Anlage des Barockgartens von Herrn Apel zurückzuführen, eine von 31 Anlagen, in denen sich das damalige Bürgertum erging. Die Kopien zweier Statuen aus Apels Garten zieren den Platz.

Der Barock wich in der westlichen Vorstadt Wohnungen in Gründerzeitbauten und diese wurden im Zweiten Weltkrieg schwer getroffen. Der Wiederaufbau dauerte und schwankte zwischen Substanzerhalt und Neubau. 1982 entschloss man sich zu dem Experiment, in dessen Zuge einerseits die Altbauten saniert und andererseits vorhandene Lücken mit Plattenbauten geschlossen werden sollten. Der in den Prozess eingebundenen Bevölkerung gefiehl es. 1985 waren Sanierung und Bebauung beendet. Für die Mieter hieß das, dass sie im Altbau mit Fernwärme wohnen konnten — damals durchaus ungewöhnlich — oder im Plattenbau mit Erker und Ornamenten.

Städtebaulich wurde die Straße zum Vorzeigeprojekt für innenstadtnahe Bebauung, bei der der Bezug auf die Gründerzeit auch im Neubau hergestellt wird, das Stadtbild erhalten

► Gut zu wissen:

Kolonnadenstraße, 04109 Leipzig. Anreise: Mit der Straßenbahn, Haltestelle Westplatz (Linien 1, 2, 8), Haltestelle Neues Rathaus (Linien 2, 8, 9, 14).

bleibt und Wohnraum kostengünstig über Plattenbauten realisiert wird. Bis 1990 waren auch die umliegenden Straßen inklusive des hinteren Endes der Kolonnadenstraße und des Dorotheenplatzes fertig, dann wurde ein anderer Staat für Wohnungsbauprogramme zuständig. Wem nun Architekturbeschau nicht reicht, der kann trotzdem mal vorbeischauen. Man hat nämlich beim Um- und Neubau an Ladengeschäfte gedacht. Das heißt, hier gibt es Cafés und Kneipen, Geschäfte und Künstler und sogar einen Bürgerverein, der sich um seinen Kiez kümmert.

Wer zum Teufel sind Sie? Das Lokalradio mephisto 97,6

von Dorit Kristine Arndt

Es sind die exponiertesten Räume der Universität Leipzig. Der Legende nach beanspruchte das Rektorat diese Räume nach der Fertigstellung für sich. Doch der Architekt soll sich geweigert haben. Nicht die Verwaltung, sondern das Uni-Radio sollte diese Räume bekommen. Was wäre das für ein Zeichen, wenn in der Universität auch nach Feierabend noch Licht brennt! Ob Gerücht, Kalkül oder nichts dergleichen, die Rechnung ging auf: Wenn abends am Campus Augustusplatz die letzten Lampen erlöschen, brennt in den Redaktionsräumen von mephisto 97,6 oberhalb der Mensa am Park noch Licht: Von 10 bis 12 Uhr vormittags und von 18 bis 20 Uhr sendet mephisto 97,6 live.

Ehrenamtlich, engagiert und eigenverantwortlich arbeiten studentische Redakteure manchmal bis tief in die Nacht an ihren Sendungen. Auch mich hat Mephisto in seinen Bann gezogen. Es ist faszinierend. Ohne Geld investieren Studierende — so wie ich einmal — unfassbar viel Zeit, telefonieren, recherchieren, für gutes Radio. Sie thematisieren das Offensichtliche genauso wie das Verborgene: Verpacken in Hörkunstsendungen zum Beispiel das Thema Stille oder nehmen satirisch zugespitzt die Geschichten aus der großen Welt und dem kleinen Leipzig aufs Korn. Täglich von 18 bis 19 Uhr berichtet der Sender zudem über alles, was für Leipzig an diesem Tag wichtig ist. Keine Frage: Wer mephisto 97,6 eingeschaltet hat, lauscht dem Puls der Stadt.

Inspiration für weitere Exkursionen und aktuelle Veranstaltungen finden sich bei mephisto 97,6 in jedem Fall. Gelegentlich wird der Sender auch selbst zum Veranstalter. Regelmäßig etwa lädt er zur Hörspiellounge. Dann werden die besten Hörspiele — ob witzige Episoden, Märchen, Krimis oder ironische Geschichten — des vergangenen Halbjahres in gemütlicher Atmosphäre präsentiert. Ein echter Geheimtipp.

Natürlich waren die exponierten Räume nicht von Anfang an das

▶ Gut zu wissen:

mephisto 97,6, Universitätsstraße 3, 04109 Leipzig. Gesendet wird aus der Mensa am Park. Das Radioprogramm kannst du per Livestream unter www.mephisto976.de oder im Stadtgebiet auf der UKW-Frequenz 97,6 hören.

Zuhause des Senders. In den Wirren der Nachwendezeit 1992 feilten Studierende in den Kellerräumen des alten Seminargebäudes erstmals an einem Sendekonzept für ein eigenes Radio mit UKW-Lizenz. Tatsächlich erhält das Gründungsteam eine Zusage für die begehrte Frequenz. Ein Novum, denn mit dem Konzept eines Lokalradios, in dem die Studierenden im Umfeld eines echten Radiosenders ausgebildet werden, ist die Universität Leipzig deutschlandweit Vorreiter. Am 31. Mai 1995 funkte das Team zum ersten Mal.

»Dr Saggse dut nie gniedschn« — Kabarettkultur im Academixer

von Konrad Sell

Leipzig ist seit eh und je Wahlresidenz von Künstlern unterschiedlicher Couleur. Berühmte Komponisten haben hier ebenso gewohnt wie Dichter, Schriftsteller und, in neuerer Zeit, auch Kabarettisten. So viele in der Tat, dass allein in der Innenstadt nicht weniger als sechs verschiedene Kabarettbetriebe ansässig sind, und das teilweise seit vielen Jahren. Dieser Art von Kunstbetrieb gebührt in heutiger Zeit ein besonderer Respekt: Verglichen mit Theater, Konzert und Oper, wartet das Kabarett meist mit sehr kleiner Besetzung, einem umfangreichen, abwechslungsreichen Programm und oft genug den zahlenmäßig meisten Vorstellungen im Jahr auf. Der Leipziger lacht halt gern und viel, besonders über vorzüglichen Quatsch und gekonnte Mundart.

Ein Leipziger hat es dem Autor in dieser Hinsicht besonders angetan: Tom Pauls, der mit seiner Figur Ilse Bähnert zu einigem Ruhm gelangt ist und mit seinem Programm sowie einer eigens dafür eingerichteten Stiftung einen unschätzbaren Beitrag zur Erhaltung der sächsischen Sprache und Kultur leistet. Heißer Tipp: Seine beziehungsweise ihre Einführung ins Brauen des echten »säxschn Bliemschngaffees« in dem Paradestück »De Gaffeebohne«. Diese reiche Kabarettkultur lässt sich in unterschiedlichen Ensembles genießen. So kann man beispielsweise im »Central« am Markt, in der »Pfeffermühle« in der Katharinenstraße oder in der Mädler-Pas-

Gut zu wissen:

Karbarett Academixer, Kupfergasse 2, 04109 Leipzig, www.academixer.de, Tel. +49 (0)341 21787878, info@academixer.com. Kartenverkauf Mo. – Fr. ab 12 Uhr, Samstag ab 13 Uhr, Sonntag und feiertags 2 Stunden, bei Doppelvorstellungen 1 Stunde vor Veranstaltungsbeginn. Die Gaststätte öffnet täglich ab 18 Uhr. Anreise: Haltestelle Wilhelm-Leuschner-Platz.

sage im »Sanftwut« Satire und Klamauk erleben. Ein besonders traditionsreiches ist das Kabarett »Academixer«, im Stadtzentrum in der Kupfergasse in einer ehemaligen unterirdischen Empfangshalle eines Messehauses aus den Zwanziger Jahren gelegen. Das Haus bietet nahezu täglich Vorführungen eines sehr vielfältigen Programms und begeistert mit originalen Wandtäfelungen, einer gut ausgestatteten Bar sowie Bildern und anderen Memorabilia aus der bewegten Zeit der Kabarettisten am Haus.

»Rundgänge in einer Welt« im Grassi Museum für Völkerkunde

von Tobias Prüwer

»Dieses Haus ist in die Welt gegangen, um die Welt zu sehen und von der Welt gesehen zu werden« — Der poetische Name des Hausnachbaus aus Tuvalu steht sinnbildlich für alle Objekte in der Ozeanien-Abteilung. Mit dieser hat das Grassi Museum für Völkerkunde seine Anziehungskraft noch einmal erhöht, das ohnehin Perle der unterentwickelten Museumslandschaft ist. Wo das Naturkundemuseum bisher stiefmütterlich behandelt wird und neben materiellen Details zur Stadtgeschichte im Alten Rathaus nichts Faszinierendes zu finden ist, sticht die mit Ozeanien komplettierte Dauerausstellung »Rundgänge in einer Welt« heraus.

Im zweietagigen Rundgang, wo man die Reichhaltigkeit der globalen Kulturen ausschnitthaft begehen kann, wird für mich das Lessing-Wort von Leipzig, »wo man die ganze Welt im Kleinen sehen kann«, lebendig. In Ostasien beginnend, durchstreift man dann den Kulturraum der Mongolen, überquert per Ruderboot den Euphrat, um in Afrika den frühesten Spuren der Menschheit zu folgen und lernt zwischen den Reitsporen der Feuerländer und Inuit-Anoraks aus Alaska amerikanische Kulturen kennen. Die pazifische Inselwelt bildet den Schlussstein. Hier zeigen die Totemtiere die bis heute enge Verbundenheit der Alt-Australier mit der mythischen Traumzeit. Das Federgeld der Santa-Cruz-Inseln beeindruckt als Spielart des Handels. Die Vielfalt der Objekte, die erzählen, wie Menschen ihr Leben bewältigen, finde ich enorm und aufgrund der ansprechenden Präsentation auch auf Dauer nicht langweilig.

Vom tradierten Namen »Völkerkunde« abgesehen, zu sehr verweist er auf das Interesse am »Primitiven«, zeichnet sich die Schau durch Sensibilität aus. Das ist neben der Materialfülle die Stärke der Konzeption:

► Gut zu wissen:

Grassi Museum für Völkerkunde, Johannisplatz 5 - 11, 04103 Leipzig, www.mvl-grassimuseum.de. Öffnungszeiten: Di. – So. 10 bis 18 Uhr. Anreise: Haltestelle Johannisplatz (Linien 4, 7, 12, 15).

Sie frönt keinem exotischen Blick, der am Kuriosen seine Neugier stillt, andere Kulturen aber nicht als gleichrangig anerkennt. Dunkle Aspekte wie das Leid der Aborigines werden ebenso wenig verschwiegen wie die Verquickung von Wissenschaft und Kommerz: Teile der Sammlung wurden einst von Händlern zusammengetragen. Beim ersten Besuch habe ich gar nicht alles erfassen können, war von der Ausstellung aber auch beim Wiederkommen fasziniert. Was jetzt noch fehlt, wäre eine europäische Abteilung. Das obliegt natürlich historischen Museen.

Krieg und Frieden in der Thomaskirche

von Tilmann Löser

Durch sieben große Buntglasfenster fällt das Licht durch die Südseite der Thomaskirche hindurch in den Innenraum hinein. Neben Motiven wie Luther, Bach und Mendelssohn finden sich hier auch Kaiser Wilhelm I. und ein 2009 entstandenes »Friedensfenster«. Ein genauerer Blick lohnt und bringt einige spannende Wendungen der Leipziger und der deutschen Geschichte zum Vorschein.

Anlass für die Entstehung der ersten Bilder war die neugotische Sanierung der Kirche 1885-89, in deren Folge man plante, die gesamte Kirche mit Buntglasfenstern auszustatten. Auf der Südseite waren zunächst fünf Fenster vorgesehen. Der Reformator Luther in der Mitte, eingerahmt von den Kirchenmusikern Bach und Mendelssohn, wiederum eingerahmt von den politischen Führern Gustav Adolf und Kaiser-Wilhelm I. Doch gegen dieses Konzept regten sich Widerstände. Der antisemitisch agierende »Deutsche Reform-Verein« machte Bedenken gegen den »Juden« Mendelssohn deutlich und hatte damit so viel Erfolg, dass das Fenster zunächst nicht gebaut wurde und die Stelle leer blieb. Erst nach der Friedlichen Revolution 1989/90 gab es ein Engagement aus der Bürgerschaft und schließlich konnte das Mendelssohn-Fenster 1997 eingeweiht werden.

Und noch eine zweite Geschichte lässt sich beim Betrachten der Bilder erschließen und mag für uns auch heute relevant sein. Nach dem ersten Weltkrieg hatte Leipzig viele Opfer zu beklagen. In der Bürgerschaft wuchs der Wunsch, diesen zu gedenken. So entstand 1929 das Kriegergedächtnisfenster, welches auf der äußersten linken Seite in die Fensterreihe integriert wurde.

Im Vorfeld des Jubiläums 20 Jahre Friedliche Revolution gab es dann den Wunsch, das Gedenken an den

Gut zu wissen:

Thomaskirche, Thomaskirchhof 18, 04109 Leipzig, www.thomaskirche.org. Öffnungszeiten: Tägl. 9 bis 18 Uhr. In der Kirche befindet sich die letzte Ruhestätte von Johann Sebastian Bach. Anreise: Haltestelle Thomaskirche, Straßenbahn (Linie 9).

friedlichen Aufbruch der Menschen in Leipzig und der damaligen DDR auch mit einem Fenster zu würdigen. Und das Ergebnis kann sich sehen lassen. Das von dem Leipziger Künstler David Schnell entworfene Fenster bricht bewusst mit der Ästhetik der bisherigen Bilder. Fernab von allen Klischees gelingt es ihm, mit seiner Formsprache einen dynamischen Raum zu schaffen, der den Betrachter in seinen Bann ziehen kann und so angemessen an die hoffnungsgebenden Ereignisse von 1989/90 erinnert. Kaiser Wilhelm I. sieht daneben ziemlich alt aus.

von Tilmann Löser

Direkt vor dem Haupteingang der Thomaskirche erhebt sich majestätisch ein Denkmal für Felix Mendelssohn Bartholdy. Auf den ersten Blick nichts Ungewöhnliches, sollte man denken. Ein großes Denkmal für einen bedeutenden Musiker, der eng mit der Stadt verbunden ist. Ganz normal also. Erst auf den zweiten Blick erschließt sich die wechselvolle Geschichte des Denkmals, das tief hinein führt in düsterste und hellere Geschichten der Leipziger Musik- und Stadtgeschichte.

Eingeweiht wurde das Denkmal 1892 vor dem im zweiten Weltkrieg zerstörten, 1884 errichteten Gewandhaus im Musikviertel. Ziel war es, die zahlreichen Verdienste des bedeutenden Gewandhauskapellmeisters, Gründer der ersten Deutschen Musikhochschule und Bach-Erinnerer Felix Mendelssohn Bartholdy für die Musikstadt Leipzig zu würdigen. Im Nationalsozialismus wurde Mendelssohn, obwohl getauft, zur Zielscheibe antisemitischer Hetze. Am 9. November 1936, dem Jahrestag des Hitlerputsches, wurde das Denkmal von Nationalsozialisten entfernt und eingeschmolzen. Der damalige Leipziger Oberbürgermeister Carl Friedrich Goerdeler, der an diesem Tag gerade im Ausland war, trat daraufhin aus Protest von seinem Amt zurück.

Erst nach der Friedlichen Revolution von 1989/90 keimte der Wunsch, das Denkmal wieder aufzubauen. Doch stand nun das alte Gewandhaus nicht mehr und von dem ursprünglichen Denkmal fehlte auch fast jede Spur. So entschied man sich, das Denkmal in der Nähe der Thomaskirche wieder aufzubauen, was nach vielen Komplikationen im Oktober 2008 geschah.

Im Januar 2008 gehörte ich zu einer Gruppe junger Musikstudenten, die einen Beitrag zur Aufstellung einer Nachbildung des Denkmals am heutigen Standort leisten wollten. Gerade in Anbetracht der Tatsache, dass ab 1933 auch viele Leipziger Musiker tatenlos zusahen, wie Gewandhausmusiker und der damalige Gewandhauskapellmeister Bruno Walter auf Grund ihrer jüdischen Herkunft ausgegrenzt wurden, schien es uns an-

► **Gut zu wissen:**

Das Mendelsson-Denkmal steht direkt am Dittrichring, gegenüber der Thomaskirche. Das Musikviertel liegt 1 km in Richtung Südwesten von der Thomaskirche entfernt.

gemessen, einen Beitrag zur Erinnerung und zur Rehabilitierung Mendelssohns zu leisten.

Ein Benefizkonzert mit zahlreichen Mitwirkenden wurde im Großen Saal der Hochschule organisiert, wir Musiker hatten Freude am Musizieren, die Öffentlichkeit nahm Notiz von der geplanten Neufassung des Denkmals und am Ende kam auch noch ein wenig Geld für die Realisierung des Wiederaufbaus zusammen. An diesen Moment erinnere ich mich gerne, wenn ich heute vorbei am strahlenden Mendelssohn-Denkmal in die Thomaskirche gehe.

Feiern in der Stadtmauer — die Moritzbastei

von Konrad Sell

Am südlichen Rand des inneren Stadtzentrums liegt die Moritzbastei, von Einheimischen nur in der Kurzversion »MB« genannt. Sie war die Bastion an der südwestlichen Ecke der Stadtmauer und ist deren einziger noch verbliebener Teil. Als solche hat sie zahlreiche Kavernen, Kellerräume und Nischen auf drei Ebenen, die ein abwechslungsreiches Programm unterschiedlicher Events bieten. Ich habe dort schon Elektroparties erlebt, mit einem anderen DJ in jedem Raum und Firmenevents, für die der gesamte Bau gemietet und jede Nische mit gedeckten Tischen ausgestattet war. Auch musikalische Live-Veranstaltungen kann man dort erleben. Es bietet sich also ein buntes Programm, jeden Tag gibt es etwas zu sehen.

Aber auch außerhalb der Veranstaltungen sitzt man gemütlich bei Bier oder Kuchen unten in der Bar beziehungsweise oben auf der Terrasse oder wandelt im angrenzenden kleinen Park. Dieser zieht sich fast über die gesamte südliche Breite des Stadtzentrums. Er verbindet das Gewandhaus, die Moritzbastei und den 2014 im Zuge der Tunneleinweihung angeschlossenen neuen Bahnhof Wilhelm-Leuschner-Platz.

Aufmerksame Fußgänger können dort unter Platanen die Antlitze von nicht weniger als fünf mehr oder weniger bekannten Persönlichkeiten bestaunen. Dazu gehören Albrecht Thaer, der als Agrarwissenschaftler Leipzig durch den Wollkonvent zu einigem Ruhm verhalf (leider nimmt er als Statue eine etwas ungünstige Pose ein, die ihm des Öfteren eine meist leere Bierflasche in der erhobenen Hand beschert). Außerdem kann man Otto Koch begegnen, der stolze 27 Jahre Bürgermeister von Leipzig war. Und man trifft Schumann und Schiller, die beide zeitweise in Leipzig wohnten (Schumann in der Inselstraße 18, Schiller in der Menckestraße 42), sowie Christian Fürchtegott Gellert, der hier Philosophie und Theologie studierte. Wer findet sie alle?

► Gut zu wissen:

Moritzbastei, Universitätsstraße 9, 04109 Leipzig, www.moritzbastei.de, Tel. +49 (0)341 702590. Anreise: Haltestelle Roßplatz, Straßenbahn (Linien 2, 9, 16).

FÜR TOLERANZ, WELTOFFENHEIT,
GUTE MUSIK & GEGEN RASSISMUS

Keine Eisdiele wie jede andere — das Kreativ-Eis-Studio im Musikviertel

von Jan Oliva

Softeis und Kugeleis — das sind die Größen, mit denen man in der deutschen Speiseeislandschaft vertraut ist. Dirk Engel hat in den USA etwas Neues kennengelernt und erfährt momentan, dass das Format des Kreativ-Eises auch in unseren Breiten auf Resonanz stößt. Das Ganze funktioniert folgendermaßen: Man wähle zwei von insgesamt 16 Eissorten sowie eine von rund 50 Zutaten. Diese werden anschließend auf einer eigens aus Amerika importierten, gekühlten Steinplatte mit Spachteln vermengt und in einen Becher gefüllt — fertig. Vom Prinzip her erinnert das ans McFlurry-Eis, nur sind hier der Fantasie beim Zusammenstellen der einzelnen Komponenten keine Grenzen gesetzt. So gibt es als Zutaten neben den Verkaufsschlagern Oreo-Keks, Brownie, Nutella und Smarties auch ausgefallenere Dinge: Röstzwiebeln, Leberwurst, Knoblauch oder Senf. Von Letzterem rät Engel allerdings ab: Eis mit Senf falle unter die Kategorie »Mutprobe«.

Für solche, die sich mit Entscheidungen eher schwertun, gibt es ein Glücksrad, gebastelt aus einer alten Schallplatte mit Drehzeiger in der Mitte. Damit kann jede beliebige Eiskombination ermittelt werden. Eines von vielen Indizien dafür, wie viel Leidenschaft und Herzblut in diesem quirligen und durchaus auch etwas unkonventionellen Laden stecken. Seit März 2013 betreibt Dirk Engel seine Eisdiele im Musikviertel und zählt in erster Linie Geschäftsleute sowie Studierende zu seinen Kunden. Das Kreativ-Eis-Studio ist nämlich nur einen Steinwurf von der Bibliotheca Albertina entfernt und so gehörte das tägliche Eis für mich im vergangenen Sommer beinahe genauso fest zum Arbeitstag wie das Hochfahren meines Laptops.

Wenn auch nicht den gesamten

► Gut zu wissen:

Kreativ-Eis-Studio, Grassistraße 12, 04107 Leipzig, www.softeis-engel-oschatz.de. Öffnungszeiten: Im Sommer: Mo. – Fr. 11 bis 18 Uhr, an Wochenenden geschlossen! Außerhalb der Eissaison unregelmäßig geöffnet (siehe Webseite). Anreise: Haltestelle Mozartstraße, Bus (Linie 89).

Winter hindurch, so hat das Kreativ-Eis-Studio in der Regel noch bis in den Dezember hinein geöffnet. Neben Eis gibt es dann aber auch Crêpes, Heiße Schokolade und Kaffee: Ideal, um sich nach einem ausgedehnten Spaziergang durch den nahegelegenen Clara-Zetkin-Park aufzuwärmen.

Und was ist nun meine Lieblingskombination? Kokos- und Nougateis mit Milchschnitte, das ist schon was Feines! Zu guter Letzt noch folgender Hinweis: Wer mag, bekommt sein Eis auch als Kugel in der Waffel. Ganz ohne Leberwurst.

Wochenmarkt vor dem Alten Rathaus — Provinzielles mit eigenem Tempo

von Tobias Prüwer

Jener »Marktplatz Europas«, als der es zu Goethes Zeiten galt, ist Leipzig nicht mehr. Zur Buchmesse kommen noch die meisten auswärtigen Gäste in die Stadt und mit der Petersstraße liegt hier die beliebteste Einkaufsmeile Ostdeutschlands. Warum auch immer, denn jene großen Ketten, die man in jeder europäischen Großstadt sieht, haben sich auch hier angesiedelt. Attraktiv ist immer das Besondere: Hier vermisst man es zunehmend.

Das ist in den vielen innerstädtischen Passagen noch anders, wo der individuelle Einzelhandel noch blüht — etwa die Connewitzer Verlagsbuchhandlung in Specks Hof, wohin mich eine ganze Etage mit englischsprachiger Literatur regelmäßig zieht. Vor dem Alten Rathaus darf es für mich richtig provinziell sein, wenn dienstags und freitags der Wochenmarkt aufgebaut wird. Dann mag man kurz vom Gefühl vergangener Jahrhunderte beschlichen sein, als hier noch das Stadtzentrum und der Ort der Kommunikation lagen. Zwischen Vegetablien aus Pegau oder Kulkwitz, Obst aus der Lommatzscher Pflege und Altenburger Ziegenkäse wird das Schrittmaß zusehends bedächtiger. Man schaut, hält inne, kostet mal hier mal da. Nirgends in der Stadt treffen so viele Umlanddialekte aufeinander.

Bis er in den 1990ern wieder auferstand, wurde hier 1891 das letzte Mal Wochenmarkt abgehalten. Dann übernahm die südlich vom Roßplatz errichtete Zentralmarkthalle die Funktion als Ort von Obst- und Gemüsetändelei. Eine Postkarte hält das Treiben fest: »In der Markthall ist es schön, / wo bei Veilchen und Zwiebeln stehn. / Wo die Düfte weißer Rosen / und von Topfkäs dich umkosen / wo Madame fein im Glanz / stiehlt dem Bauern eine Gans / wo sich Gohliser Bauernweib / Schnurbart

► Gut zu wissen:

Wochenmarkt vor dem Alten Rathaus, Markt 1, 04109 Leipzig. Marktzeiten: Di. und Fr. 9 bis 17 Uhr. Anreise: Haltestelle Markt, S-Bahn (Linien S1 – S5).

dreht zum Zeitvertrieb / wo der Fremde sprachlos höret / wie man sächsisch schimpft und schwöret / hier bei Zwiebel, Obst, Gemüse / denk ich Dein und schick dir Grüße.« Im Zweiten Weltkrieg wurde sie zerstört. Seit Jahren macht in der Stadt immer mal wieder die Nachricht um einen etwaigen Neubau einer Halle am Leuschnerplatz die Runde. Ob eine Halle Not tut? Immerhin ist der Freilufteinkauf vor dem Rathaus kein Provisorium, sondern hat seinen Reiz und eigenes Tempo, auf das man sich nur einlassen muss.

Von der Liebe zu Büchern — die Connewitzer Verlagsbuchhandlung

von Dorit Kristine Arndt

Wer in die Buchhandlung von Peter Hinke kommt, sucht kein E-Book, nichts Digitales. Das verrät schon der Spruch über der Tür — ein Zitat von Arno Schmidt: »Das Verlässlichste sind Naturschönheiten. Dann Bücher; dann Braten mit Sauerkraut.« In der Connewitzer Verlagsbuchhandlung knarren die Holzdielen, die Wände sind mit Einbauregalen bestückt. Sieben Reihen Bücher je Regal, davor eine Leiter zum Verschieben, damit man auch die Schmöker im obersten Fach erreichen kann. »Wir haben hier unsere eigene Welt«, erklärt Buchhändler Hinke: »Wir wollen Lieblingsbücher verkaufen.«

Während er das tut, hat er einen Lieblingsplatz erschaffen, der völlig zu Recht 2015 von der Beauftragten der Bundesregierung für Kultur und Medien als hervorragende Buchhandlung mit dem Deutschen Buchhandlungspreis ausgezeichnet wurde. Auf zwei Etagen finden sich ausgewählte Belletristik, Lyrik, Kinderbücher, Eigen-Publikationen und Bücher unabhängiger Verlagshäuser sowie eine große Auswahl englischsprachiger Literatur.

Gegründet wurde die Connewitzer Verlagsbuchhandlung 1990 von Peter Hinke im gleichnamigen Leipziger Stadtteil. Die Sortimentsbuchhandlung mit Verlag entwickelte sich rasch durch verschiedene Projekte und Aktionen zu einer der wichtigsten literarischen Adressen der Stadt. Im Jahre 1995 erfolgte der Umzug in die Passage »Specks Hof« in der Leipziger Innenstadt. Seit 2005 gibt es außerdem noch einen kleinen Ableger: Die Buchhandlung »Wörtersee«. Neben Belletristik, Lyrik, Kinderbüchern und Regionalliteratur findet sich hier auch das eigene Verlagsprogramm unter anderem der Edition Wörtersee. »Für Buchhandlungen unserer Art geht es um Inhalte«, sagt Buchverkäufer Hinke. »Wir wollen Inseln sein in diesen schnelllebigen Zeiten.« Hier ist nicht nur jedes Buch besonders, sondern auch jeder Kunde. Man erfährt ehrliches Interesse,

Gut zu wissen:

Connewitzer Verlagsbuchhandlung, Schuhmachergässchen 4 (Specks Hof), 04109 Leipzig bzw. Verlagsabteilung & Buchhandlung Wörtersee, Peterssteinweg 7, 04107 Leipzig, www.cvb.de. Öffnungszeiten: Mo. – Sa. ab 10 Uhr. Anreise: Haltestelle Augustusplatz bzw. Wilhelm-Leuschner-Platz.

ausführliche Beratung. Ein Beispiel? Es war kurz vor Weihnachten, die Stadt war voll, als ich die letzten Weihnachtsgeschenke in eben dieser Buchhandlung besorgte. Beim Bezahlen gab es einen kleinen Plausch, dann entschwand ich nach draußen in die vollen Gassen. Doch mir kam jemand hinterher. Ein persönliches Weihnachtsgeschenk wurde mir gebracht, raus auf die Straße ins volle Weihnachtsleben, sollen die anderen Kunden doch kurz warten. Mein kleines Weihnachtswunder, was ausdrückt, welche Rolle Wertschätzung an diesen beiden Orten spielt.

Wo Lernen Lust macht — Bibliotheca Albertina

von Dorit Kristine Arndt

Das ganze Gebäude atmet Weisheit aus: Schon bei meinem ersten Besuch überkam mich Dankbarkeit. In so einem Ehrfurcht einflößenden, beeindruckenden Gebäude lesen und lernen zu dürfen empfinde ich als großes Glück. Es ist eine beflügelnde Vorstellung, so viele Erkenntnisse umschlossen zwischen Buchdeckeln um mich herum zu wissen.

Dabei ist das Schicksal der Bibliotheca Albertina durchaus mit dem der Dresdner Frauenkirche zu vergleichen: Die Bibliothek wurde zu zwei Dritteln zerstört, fristete über Jahrzehnte ein trauriges Dasein als Ruine, um dann — wie Phönix aus der Asche — nach der Wende wieder aufzuerstehen. Seit dem Wiederaufbau (1992 bis 2002) beherbergt der monumentale Bau wieder die Hauptbibliothek der Universitätsbibliothek Leipzig und beeindruckt gleich in mehreren Hinsichten.

Zum Ersten von außen: Der Bau gehört mit zu dem eindrucksvollsten Gebäude-Ensemble im Leipziger Musikviertel, das in der sogenannten Gründerzeit in den letzten Jahrzehnten des 19. Jahrhunderts entstanden ist. Zum Zweiten von innen: Trotz langer Regalreihen sind die Räumlichkeiten hell und großzügig bestückt. Durch die Glaskuppeln kann ich den Himmel sehen, den Wolken beim Vorbeiziehen zuschauen. Zum Dritten: Durch die riesige Anzahl an Büchern und Werken, die hier verzeichnet sind und dem Nutzer zur Verfügung stehen, gegenwärtig über 5,5 Millionen Bände und rund 3.000 laufende Zeitschriften.
Zum Vierten durch das Alter: Gegründet wurde die Universitätsbibliothek Leipzig bereits im Jahre 1543. Damit gehört sie zu den ältesten Universitätsbibliotheken Deutschlands. Zum Fünften durch das Flair: Es herrscht eine friedliche, produktive Stimmung, die dazu an-

► Gut zu wissen:

Bibliotheca Albertina, Beethovenstraße 6, 04107 Leipzig, www.ub.uni-leipzig.de. Öffnungszeiten: 8 bis 24 Uhr. Jeden zweiten Sonntag im Monat öffnet die Bibliothek ihre Tore für interessierte Besucher. Treffpunkt Führung: 11 Uhr, Eingangshalle. Anreise: Haltestelle Neues Rathaus bzw. Wilhelm-Leuschner-Platz.

hält, den Geist zu gebrauchen, sich auf ein Thema zu fokussieren und doch auch offen zu sein für Neues, konkret bereit zu sein, sich von anderen Impulsen inspirieren zu lassen. Im Erdgeschoss lädt das liebevolle, kleine Café Alibi zum Verweilen ein.

Und wer mal an die frische Luft muss, setzt sich einfach auf die Stufen vor dem Haupteingang. Hier sitzen Langzeitstudenten neben Erstsemestern, Doktoranden neben Erasmus-Studenten. Die Sonne im Gesicht und über Jahrhunderte gesammeltes Wissen im Rücken. Ein schöner Platz zum Denken.

Ein klassizistischer Raum, offen für alle — die Nikolaikirche

von Hannah Rößner

850 Jahre Baugeschichte haben ihre Spuren an der Nikolaikirche hinterlassen. Von der Romanik über die Spätgotik bis zum Barock ist außen alles zu finden. Doch charakteristisch für die Nikolaikirche ist ihre Innenarchitektur im Klassizismus — ein Baustil, der völlig anders ist als das äußere Erscheinungsbild der Kirche. Wenn man die schwere Holztüre am Portal öffnet, dann findet man dahinter zunächst zwei kleine, lichte Vorhallen. Es lohnt sich hier einen Schritt zur Seite zu treten und die schmucken Räume zu betrachten.

Nach einer gläsernen Schwingtür öffnet sich dann das einzigartige Kirchenschiff der Nikolaikirche. Um es in allen seinen Details wahrnehmen zu können, braucht man eine Weile: Palmbäume tragen das Deckengewölbe, welches von kunstvoll gestalteten Kassetten überzogen ist. Und auf der Westempore erstreckt sich eine gewaltige Orgel. Viele der Werke von Johann Sebastian Bach (1685-1750) wurden hier übrigens uraufgeführt und seine Amtseinführung fand 1723 in der Nikolaikirche statt.

Unter dem Dach der Kirche konnten sich in den Achtziger Jahren DDR-Bürger versammeln, die nach Reisefreiheit strebten oder sich demokratisch an der Gestaltung ihres Landes beteiligen wollten. Die Nikolaikirche war offen für politischen Austausch, offen für Jugendgruppen außerhalb der FDJ, offen für alle. Und so war es 200 Jahre zuvor beinahe prophetisch, dass mit der klassizistischen Umgestaltung 1784 bis 1797 ein ebenerdiger Eingang geschaffen wurde und der Maler Adam Friedrich Öser (1717-1799) ein Bild zum Bund des Friedens über den Altar gesetzt hat. Wie kein zweites Gebäude in Leipzig steht die Nikolaikirche für die Friedliche Revolution im Herbst 1989. Mit den wöchentlichen Friedensgebeten wurde sie Ausgangspunkt für die Montagsdemonstrationen auf dem Leipziger Ring. Diese Friedensgebete gibt es übrigens

Gut zu wissen:

Nikolaikirche, Nikolaikirchhof, 04109 Leipzig, www.nikolaikirche.de. Öffnungszeiten: Mo. – Sa. 10 bis 18 Uhr, So. 10 bis 16 Uhr. Zu Gottesdiensten und Konzerten keine Besichtigung möglich. Alle Termine, auch für Führungen, auf der Webseite. Anreise: Haltestelle Augustusplatz.

heute noch und seit Januar 2015 werden sie wieder stärker besucht. Auch ich nutze sie gerne zur persönlichen Besinnung vor einer der vielen Demonstrationen, die Leipzig seit 2015 wieder prägen. Bis heute sind die Themen »Freiheit« und »Frieden« fest in der symbolischen Ausstattung der Kirche verankert. Im Mittelgang steht der Osterlichtbaum »Gesprengte Fesseln« in Erinnerung an die Friedliche Revolution. Und im Altarraum erinnert ein Nagelkreuz von Coventry daran, dass aus der Abwesenheit von Waffen und Gewalt erst durch Versöhnung Frieden werden kann.

Johannisfriedhof — ein Ort der Ruhe mitten in der Stadt

von Dorit Kristine Arndt

Es ist ein verwunschener Ort: Versteckt hinter hohen Mauern, gleich hinter der vielbefahrenen Prager Straße, liegt der Alte Johannisfriedhof. Seine ursprüngliche Bestimmung hat er längst abgegeben — seit Beginn des 20. Jahrhunderts ist der Alte Johannisfriedhof nunmehr ein historischer Friedhof und wird als museale Parkanlage genutzt.

Es ist ein Ort, an dem alles schon passiert ist. Alles ist vergänglich, selbst Grabsteine, möchte man meinen, wenn die Finger über fast vollständig verwitterte Inschriften streichen. Beachtenswert ist dabei die Vielfalt der Gestaltungselemente, Verzierungen und Symbole an den Grabstätten verschiedener Jahrhunderte. Neben Säulen und streng geformten Stelen finden sich tuchumhüllte Urnen und lebensgroße Marmorfiguren, Totenköpfe und Gebein.

Es ist ein Ort der Stille. Als Besucher kann man sich auf einer der Parkbänke niederlassen, sich sammeln, ruhen und Muße finden. Viel weniger belebt als manch anderer Park Leipzigs, lädt die Anlage zum Spazierengehen und Sinnieren ein. Alte Bäume spenden Schatten, großzügige Rasenflächen durchziehen die Anlage, dicke Wurzeln suchen sich ihren Weg über Grabplatten hinweg. Spinnen weben riesige Netze, in denen sich altes Laub verfängt oder kleine Wassertropfen wie Perlen strahlen.

Auch wenn der Friedhof viel von seiner ehemaligen Größe eingebüßt hat und gerade in den letzten 100 Jahren viele Gräber ihren ursprünglichen Standort verloren haben, repräsentiert der Ort noch immer Leipziger Stadtgeschichte. Als ältester Friedhof der Stadt fanden zahlreiche berühmte Persönlichkeiten hier ihre letzte Ruhe.

► Gut zu wissen:

Alter Johannisfriedhof, Johannisplatz, 04103 Leipzig. Informationen finden sich auf der Webseite der Stadt Leipzig: www.leipzig.de. Anreise: Haltestelle Johannisplatz, Straßenbahn (Linien 4, 7, 12, 15).

1

Die Peterskirche

von Hannah Rößner

Der Putz bröckelt von der Decke. Klappstühle stehen auf Linoleumfußboden. Von der großen Orgel ist nur der Prospekt geblieben. Nein, perfekt ist sie nicht, die Peterskirche in der Leipziger Südvorstadt. Vielleicht ist sie gerade deshalb mein Höhepunkt unter den Kirchengebäuden Leipzigs. Weil meine Gedanken die 25 Meter zum Deckengewölbe hochfliegen und den Putz flicken. Weil die Stühle den Eindruck erwecken, dass Bewegung in den großen Raum kommen kann, der nicht durch Bänke eingeteilt wird. Weil man durch den Orgelprospekt am Westportal das wundervolle Rosettenfenster mit dem Harfe spielenden König David in der Mitte erahnen kann. Wie als würden von dort die Musizierenden der Ewigkeit auf die Betrachter herabblicken. Seit langem gehe ich nun schon regelmäßig sonntags in dieses Gotteshaus und noch immer überwältigt mich der weite Raum: Zwischen den tragenden Säulen des neogotischen Bauwerkes liegen 17 Meter, die Gesamtlänge beträgt fast 60 Meter.

In diesem Raum sammelt sich Geschichte. Die farbenprächtigen Buntglasfenster sind ein Zeugnis der einstigen Finanzkraft, die zur Weihe der Kirche 1885 in der fast 50.000 Mitglieder starken Gemeinde steckte. Graue Flächen heute erinnern an den Bombenangriff 1943, nicht alles konnte wieder rekonstruiert werden. Zeichen der ehemaligen SED-Diktatur ist, neben dem Verfall der Kirche, auch die Jahn-Orgel vorne links. Sie wurde 1968 aus der Universitätskirche gerettet, bevor diese in die Luft gesprengt wurde. Zu dem ungewöhnlichen Eindruck des Kirchenraumes gehören die Tafelbilder links und rechts des Chorraumes. Auch sie machen den Raum für mich so einzigartig und sehenswert. Das Werk wurde 1994 von Mario Lobedan geschaffen. Die abgebildeten Personen bleiben in ihren Gestalten unklar, verschwommen: »Noli me tangere« — »Rühre mich nicht an«

Gut zu wissen:

Peterskirche, Schletterstraße 5, 04107 Leipzig, Information zu Gottesdiensten und Veranstaltungen: www.peterskirche-leipzig.de. Kirchenführung mit Turmbesteigung: Der Blick auf die Stadt ist grandios und man kann in die Abstellkammern der Kirche sehen. Anreise: Haltestelle Hohe Straße, Straßenbahn (Linien 10, 11).

(Joh. 20,17) lautet das Bibelzitat unter dem die Bilder entstanden sind. Einen Kontrast bildet die Taufkapelle, die an der Südseite des Kirchenschiffes anschließt. Der frisch renovierte, kleine Raum strahlt von der bunten Bemalung seiner Wände, die von einer Kuppel aus Sternenhimmel überspannt sind. Ob die Taufkapelle ein Blick in die Zukunft der Peterskirche ist? Ich hoffe nicht. Denn sind wir mal ehrlich: Was sonst als ein gebrochener, unregelmäßiger und doch in sich harmonischer Raum könnte Kirche und das Sein vor Gott besser fassen?

Raum der Stille — im Trubel der Stadt zur Ruhe zu kommen

von Tilmann Löser

Wer sich vom Trubel der Stadt zurückziehen will und innere Einkehr sucht, der findet im »Raum der Stille« in der Hainstraße einen guten Ort. »Am Baum des Schweigens reift der Friede« — nach dem Durchschreiten der Tür mit dieser Aufschrift betritt man einen Raum, der harmonisch eingerichtet ist und in dem die Uhren scheinbar anders gehen, als in der nur einige Meter entfernten Fußgängerzone. Der Blick fällt sogleich auf das Kunstwerk am Ende des Raumes. Dort sind die vier Elemente Himmel, Erde, Feuer und Wasser miteinander verwoben und bilden auf originelle Weise eine Einheit. Der Himmel beugt sich der Erde entgegen, die Erde streckt sich nach dem Himmel und an einem kleinen Punkt berühren sie sich auch.

Ich komme gerne hierher um Ruhe zu finden, mich zu sammeln und zu meditieren. Dienstag und Mittwoch abends füllt sich der Raum mit Leben. Frauen und Männer verschiedenen Alters treten ein, breiten ihre Decke aus, holen sich ein Kissen und verbringen gemeinsam eine Zeit mit Yoga und Meditation. Wir sprechen nicht viel und sind uns auf eine andere Art doch sehr nah.

Wenn man Glück hat, ist der Jesuiten-Pater Bernd Knüfer da. Dieser weise Mann, der schon viele Sommer und Winter erlebt hat, hatte einst die Idee zu dem Raum und leitet noch heute regelmäßig die Meditations-Abende im »Raum der Stille«. Ein kurzer Impuls, eine Stunde Yoga, 30 Minuten Meditation, Austausch beim Tee und hinterher ist man reich beschenkt. Die Abende sind offen für alle. Es empfiehlt sich beim ersten Mal eine Viertelstunde vor Beginn (19 Uhr) zu kommen.

► Gut zu wissen:

Orientierung – Raum der Stille, Hainstraße 12 (Sternpassage), 04109 Leipzig, www.orientierung-leipzig.de, Tel. +49 (0)341 2125704, orientierung.leipzig@jesuiten.org. Der Raum ist eine glaubensunabhängige Ruhe-Oase. Öffnungszeiten: wochentags 11 bis 19 Uhr, samstags 11 bis 16 Uhr. Anreise: Haltestelle Markt, S-Bahn (Linien S1 – S5).

2

Leipzig

Ost

Übersicht Scoutbeiträge

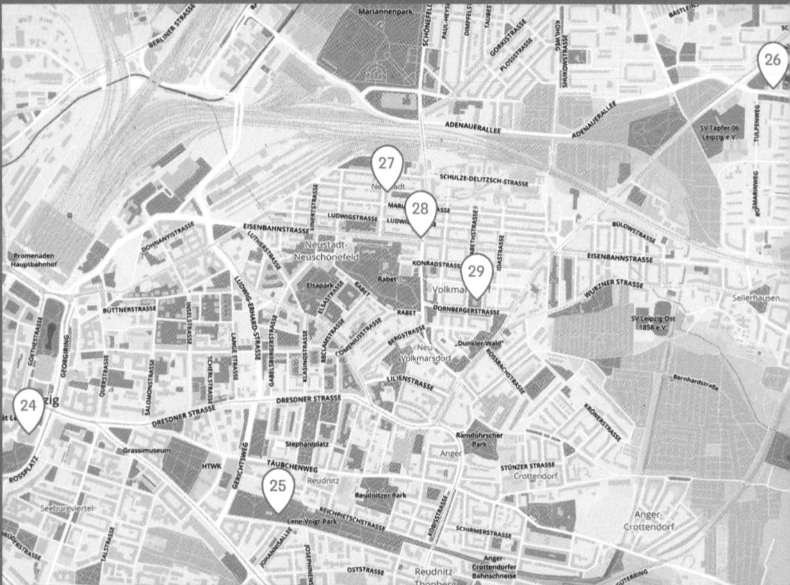

Seit den 1990ern heißt es unermüdlich: »Der Osten kommt!« Das ist mit langer Verspätung nun eingetreten. Besonders die innenstadtnäheren Viertel sind in freudiger Bewegung. Der Zuzug ist immens, Wohn- und Kulturprojekte wie das Pögehaus werden geboren, halblegale Kneipen entstehen und vergehen. Noch ist die multikulturelle Landschaft, die es so in Leipzig ansatzweise nur hier gibt, zu erleben. Landestypische Spezialitäten vieler Regionen kannst du auf der Eisenbahnstraße erstehen und wirst über deren schlechten Ruf lachen. Im Graphischen Viertel lassen ehemalige Druckereigebäude Leipzigs Vergangenheit als Buchstadt erahnen. In deinen Quartiersspaziergang solltest du grüne Lungen wie den Lene-Voigt-Park oder Mariannenpark mit einbeziehen.

Stadtspaziergang: Notenspur

von Konrad Sell

5,0 km

Als ich Grundschüler war, erfreuten sich Schatzsuchen anlässlich der Geburtstage meiner Schulfreunde großer Beliebtheit. Und auch heute, zwanzig Jahre später, scheint diese Form der Erkundung eines bestimmten Gebiets kaum etwas von ihrer Faszination eingebüßt zu haben, denn auch meine Kinder sind und waren ohne Ausnahme begeistert über den Vorschlag der Schnitzeljagd für ihre Geburtstagsfeiern.

Es ist ein wunderbares Glück, dass es die Notenspur nach langem Ringen und Dank des unermüdlichen Einsatzes seiner ausschließlich ehrenamtlich tätigen Initiatoren nun geschafft hat, ein solches Vergnügen auch für musikalisch interessierte Erwachsene in diese Stadt zu bringen. Sie bietet einen einzigartigen Fußweg durch Leipzig, den man beliebig abkürzen oder erweitern kann und auf dem 23 teils außergewöhnliche musikalische Stätten auf Entdeckung warten.

Auf einer Länge von standardmäßig fünf Kilometern quer durchs (östliche) Zentrum der Stadt lässt sich so beispielsweise die Grieg-Begegnungsstätte besuchen, in der ein kleiner, liebevoll hergerichteter Konzertsaal Augen und zuweilen auch Ohren erfreut. Durchweg begegnet man der Stadt so auf äußerst beschauliche Art und bekommt historisch interessante Einblicke, die es in dieser musikalischen Vielfalt sonst nirgends in Europa gibt. Das gilt auch für die alternative Tour mit Namen »Notenbogen« durchs gründerzeitliche Waldstraßenviertel und die westlichen Teile Leipzigs, ebenfalls fünf Kilometer lang, auf dem sich beispielsweise die Geburtshäuser (bzw. deren ursprüngliche Standorte) von Richard Wagner, Gustav Mahler und Albert Lortzing besuchen lassen. Auf der Langversion (40 Kilometer) kann man mit dem Rad mitten in der Stadt ein barockes Kleinod, das Gohliser Schlösschen, genießen oder besinnlich über den großzügigen Südfriedhof wandeln.

► Gut zu wissen:

Start Stadtspaziergang: Neues Gewandhaus, Augustusplatz 9, 04109 Leipzig. Informationen und Kartenmaterial zur Notenspur: www.notenspur-leipzig.de. Programm und Öffnungszeiten Grieg Begegnungsstätte Leipzig e. V.: www.edvard-grieg.de. Anreise zum Startpunkt: Haltestelle Augustusplatz (Innenstadt).

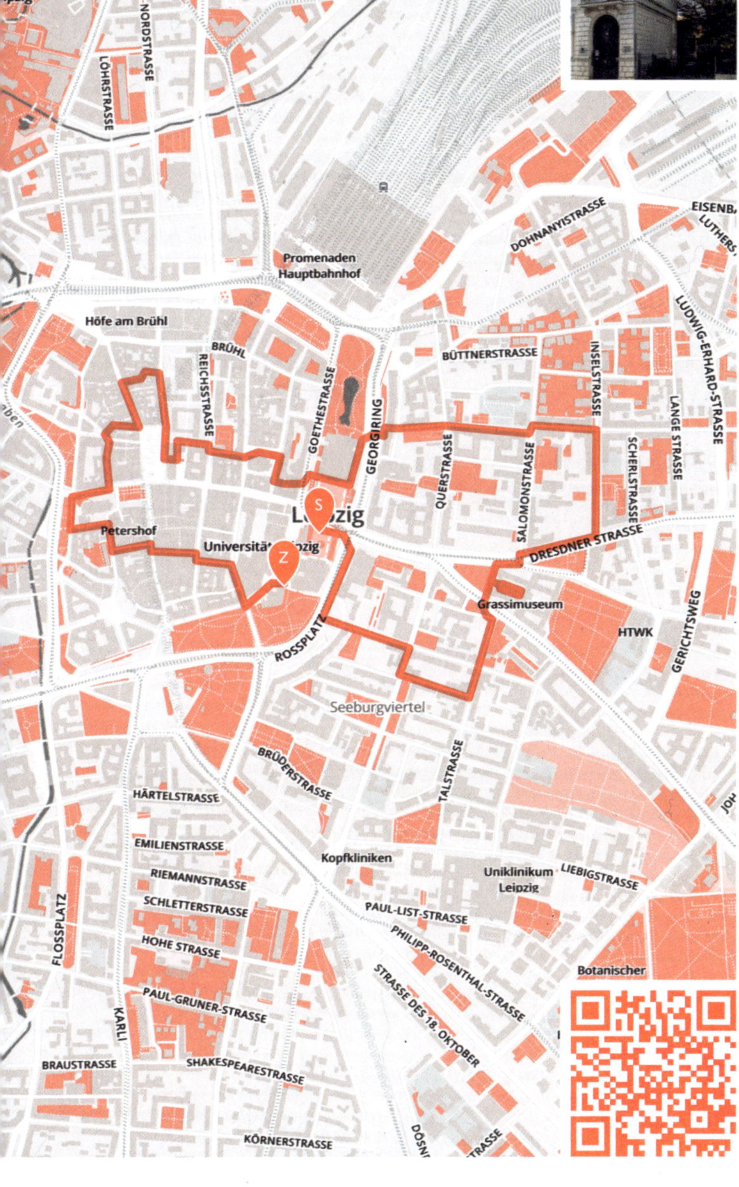
Pfaffendorf
ipzig
NORDSTRASSE
LÖHRSTRASSE
Promenaden
Hauptbahnhof
DOHNANYISTRASSE
EISENBA
LUTHERS
Höfe am Brühl
BRÜHL
REICHSSTRASSE
GOETHESTRASSE
GEORGIRING
BÜTTNERSTRASSE
INSELSTRASSE
LUDWIG-ERHARD-STRASSE
LANGE STRASSE
SCHERLSTRASSE
QUERSTRASSE
SALOMONSTRASSE
S
Petershof
Z
DRESDNER STRASSE
Grassimuseum
HTWK
GERICHTSWEG
ROSSPLATZ
Seeburgviertel
BRÜDERSTRASSE
TALSTRASSE
HÄRTELSTRASSE
EMILIENSTRASSE
Kopfkliniken
Uniklinikum
Leipzig
LIEBIGSTRASSE
RIEMANNSTRASSE
SCHLETTERSTRASSE
PAUL-LIST-STRASSE
PHILIPP-ROSENTHAL-STRASSE
HOHE STRASSE
FLOSSPLATZ
STRASSE DES 18. OKTOBER
Botanischer
PAUL-GRUNER-STRASSE
KARLI
BRAUSTRASSE
SHAKESPEARESTRASSE
KÖRNERSTRASSE

»Unsere liebe Lene« — vom Menschsein im Lene-Voigt-Park

von Dorit Kristine Arndt

Hier lassen sich vergangene Stadtstrukturen erahnen: Zwischen alten Fabrikruinen, Gründerzeithäusern und Brachflächen erstreckt sich der Lene-Voigt-Park wie ein langer Schlauch durch den Leipziger Osten. Rund 800 Meter lang, aber nur zwischen 80 und 130 Meter breit ist das ehemalige Bahngelände. Ab 1874 war der Eilenburger Bahnhof in Betrieb, doch schon 1915 mit der Fertigstellung des Hauptbahnhofes wurde der Personenverkehr umgelegt. 1942 wurde der Betrieb ganz eingestellt und das Gelände überwiegend als Brachfläche vernachlässigt. Mittlerweile ist ein Park daraus geworden, eine »unverblümte« Grünfläche, ein Stück authentisches Leipzig, ein bisschen schnodderig, ganz wie der Dialekt.

Benannt ist der Park nach Lene Voigt, einer sächsischen Mundart-Dichterin. Sie schrieb in der Sprache der einfachen Menschen, hat also wie einst Martin Luther »dem Volk aufs Maul geschaut«. Beim erstbesten Anlass hatte mir eine Freundin, die schon viel länger in Leipzig lebt als ich, einen Gedichtband mit Lene Voigts „säk'sche Ballladen" geschenkt. Folgerichtig, dass sie mir auch den Park zeigte.

Wer den Alltag mit unterschiedlichsten Menschen, beim Joggen, Ausruhen, Picknicken, Hund ausführen, Buch lesen oder einfach nur beim »Dasein«, teilen will, der ist in diesem Park gut aufgehoben. Auch interessant: Für die Gestaltung des Stadtteilparks wurde die Stadt Leipzig 2002 im Wettstreit um die gelungenste »Erneuerung städtischer öffentlicher Räume« ausgezeichnet. Ausgelobt wurde der Preis vom Zentrum für Zeitgenössische Kultur Barcelona und Architekturzentren in Paris, London, Rotterdam und Wien.

► Gut zu wissen:

Lene-Voigt-Park, 04317 Leipzig. Der Park befindet auf dem Gelände des ehemaligen Eilenburger Bahnhofs. Eingänge gibt es an der Eilenburger Straße, der Reichpietschstraße und am Gerichtsweg. Anreise: Haltestelle Gutenbergplatz, Straßenbahn (Linie 15).

2

»Erinnern für die Zukunft« — die Gedenkstätte für Zwangsarbeit

von Dorit Kristine Arndt

Die Gedenkstätte für Zwangsarbeit ist ein eher unscheinbarer Ort auf dem Gelände des heutigen Helmholtz-Zentrums für Umweltforschung. Er lebt sowohl durch die historische Geschichte, als auch durch die persönlichen Erzählungen von diesem Ort.

Auch ich habe an diesem Ort eine besondere Geschichte erlebt: Die beindruckende Begegnung mit der Regisseurin des Films »Ontsnapt/Escaped«. In dem Film erzählt Jetske Spanjer die Geschichte zweier Zeitzeugen, die 1945 von Leipzig aus auf einen Todesmarsch geschickt wurden. Zum zehnjährigen Jubiläum der Gedenkstätte wurde die Filmemacherin eingeladen und der Film aufgeführt.

Eine ganze besondere Vorführung, nicht nur weil die Gedenkstätte in Leipzig, die erste Gedenkstätte für Zwangsarbeiter und -arbeiterinnen Deutschlands ist, sondern auch, weil sich auf eben diesem Gelände, wo sich heute das international bedeutende wissenschaftliche Institut und das kleine flache Gebäude der Gedenkstätte befinden, bis zum Ende des zweiten Weltkrieges einer der größten Rüstungskonzerne Deutschlands, die Hugo-Schneider-Aktiengesellschaft, kurz »HASAG«, Waffen produzierte. Mindestens 18.500 Zwangsarbeiter und Kriegsgefangene wurden hier bis zum Ende des Krieges gezwungen, Munition und Panzerfäuste zu fertigen.

An sie und all jene, die in anderen Leipziger Betrieben und Einrichtungen litten, soll erinnert werden. Leipzig würdigt die Arbeit der Zwangsarbeiter und zeigt Verantwortung für ihre Geschichte. In der Gedenkstätte bleibt die Vergangenheit lebendig und schafft Orientierung für die Zukunft. Eine der besten Versicherungen gegen Völkerhass, Totalitarismus, Faschismus und Nationalsozialismus.

► Gut zu wissen:

Gedenkstätte für Zwangsarbeit Leipzig, Permoserstraße 15, 04318 Leipzig, www.ufz.de/gedenkstaette-zwangsarbeit-leipzig. Öffnungszeiten: Di. – Do. 10 bis 18 Uhr bzw. nach Vereinbarung (Eintritt frei). Anreise: Haltestelle Permoser Straße / Torgauer Straße, Straßenbahn (Linie 3), Bus (Linie 90).

2

Das Pögehaus im Wilden Osten

von Franziska Reif

Wenn die »Ostlichter« angehen, startet für mehrere Wochen ein Festival der Stadtteilkulturen. Seit 2002 gibt es jährlich Programm in den Quartieren östlich des Rings, zunächst unter dem Namen »Ostentdeckungen«. Dass es da was zu entdecken gäbe, mögen einige Leipziger bezweifeln, denn der Leipziger Osten an und für sich hat ein Imageproblem. Der Osten, das sind Ausländer und Arbeitslose, Armut und Kriminalität. Nachdem vor ein paar Jahren ein privater Fernsehsender die in Neustadt-Neuschönefeld gelegene Eisenbahnstraße zur »schlimmsten Straße Deutschlands« erklärt hatte, wurde die Andersartigkeit dieser Ecke noch einmal im Bewusstsein verankert.

Vielleicht geht man aber doch mal hin, zum Beispiel ins Pögehaus. Am Neustädter Markt, also unweit besagter Eisenbahnstraße, ist in einem ehemaligen Gründerzeithaus ein Ort entstanden, der weder von alteingessenen Arbeitern ohne Arbeit noch von Migranten betrieben wird. Bis 1994 beherbergte das Gebäude das namensgebende Unternehmen Pögedruck. Nach einigen Jahren der Sanierung konnten die Wohnungen im Haus bezogen werden. Nach außen wirkt das Haus vor allem kulturell, nämlich durch Ausstellungen, Konzerte, Lesungen oder Filmvorführungen und von hier aus wird das Kunstfest Neustadt organisiert.

Da hier Akademiker gemeinschaftlich ein Haus saniert haben, gab es auch den Vorwurf, dass sie sich an steigenden Mieten und Verdrängung der angestammten Bevölkerung mitschuldig machen — obwohl das Haus dem Immobilienmarkt entzogen ist. Bewertungen sind nicht immer einfach: Eröffnet in einem Ladengeschäft, das schon lange keinen Laden mehr gesehen hat, eine Kneipe mit »billig Pfeffi und Kirsch«, die vor allem von Studenten, Künstlern und solchen,

► **Gut zu wissen:**

Pöge-Haus, Hedwigstraße 20, 04315 Leipzig, verein.pöge-haus.de. Aktuelle Termine zu Ausstellungen und Veranstaltungen auf der Webseite. Anreise: Haltestelle Einertstraße, Straßenbahn (Linien 1, 3, 8).

die es werden wollen, besucht wird, hat das zwar nichts mit Kiezkultur zu tun, wird aber als »hip« gefeiert. Muss die Kneipe dann schließen, wird beklagt, dass Freiräume verschwinden, ohne zu fragen, wessen Freiräume das sind oder waren. Vor diesem Hintergrund entstand das Freiraumfestival als Auftakt zu den Ostlichtern, das ebensolche Nischen hervorhebt. Eine dauerhafte Nische ist das Pöge-Haus. Ein Besuch hier kann den Auftakt zur Erkundung des innenstadtnahen und doch fernen Ostens bilden.

Schlimmste Straße Deutschlands? Die Eisenbahnstraße im Leipziger Osten

von Jan Oliva

Bislang sorgte die Eisenbahnstraße im Stadtteil Volkmarsdorf einzig für Negativschlagzeilen: Bandenkriminalität, Drogen und Gewalt. Höhepunkt der Berichte über das strafbare Treiben war im Jahr 2013 die Dokumentation eines Privatsenders, die der Eisenbahnstraße das Prädikat der »schlimmsten Straße Deutschlands« verlieh.

Keine Frage, bei dieser Darstellung handelte es sich um die sensationslüsterne Übertreibung eines Boulevardmediums. Denn als Anwohner der Eisenbahnstraße habe ich von den angeblichen kriminellen Exzessen stets nur aus der Zeitung erfahren. Im Gegenteil: Das südländisch-lebendige Flair, die vielfältig-bunten Auslagen der Gemüsehändler mit ihrem umfangreichen Angebot an internationalen Lebensmitteln, die höchste Dichte an Dönerläden und Friseuren in ganz Leipzig und der abendliche Ruf des Muezzins aus der Moschee in meinem Hinterhof zu Ramadan lassen hin und wieder Fernweh aufkommen — ein Hauch von Nahost im Leipziger Osten.

Aber natürlich: Der Eisenbahnstraßenkiez ist nach wie vor ein raues Pflaster und auf der Straße schaut man dem sozialen Elend tagtäglich in die müden, von Alkohol, Drogen und Schicksalsschlägen gezeichneten Gesichter.

Wie der Leipziger Osten im Allgemeinen, so lebt auch der Kiez um die Eisenbahnstraße derzeit auf: Günstige Mieten locken Studenten-WGs in die meist stuckverzierten Gründerzeithäuser, leerstehende Immobilien beherbergen Hausprojekte und nicht immer ganz legale Partyschuppen. Eigentümer rüsten ihre Häuser auf: Als ich aus meinem Sommerurlaub heimkehrte, stellte ich zu meiner Verwunderung fest, dass unser Nachbarhaus plötzlich Balkone hatte. Gelegentlich vernimmt man in Bezug auf die aktuelle Entwicklung in Volkmarsdorf das Reizwort »Gentrifizierung«. Klar ist, dass dieser

▶ Gut zu wissen:

Eisenbahnstraße, 04315 Leipzig. Im »Ikram Ocakbasi« (Hausnr. 90) gibt es den besten der unzähligen Döner. Anreise: Haltestelle Hermann-Liebmann-Straße / Eisenbahnstraße, Straßenbahn (Linien 1, 3, 8), Bus (Linie 70).

Stadtteil schon in zehn Jahren ein anderer sein wird als noch heute.

Zu ihrem Namen kam die Eisenbahnstraße übrigens, da sie den Verlauf der 1837 in Betrieb genommenen ersten deutschen Fernbahnstrecke Leipzig–Dresden bildete, ehe der Schienenstrang 1879 einige hundert Meter gen Norden auf seine heutige Trasse verlegt wurde. Ebenfalls wissenswert: Zu Zeiten der DDR war die Eisenbahnstraße nach dem Kommunist Ernst Thälmann benannt und bekannt als bedeutende Geschäfts- und Einkaufsstraße. Die erwogene Umwidmung zur Fußgängerzone scheiterte jedoch.

Wahrzeichen im Leipziger Osten — die Lukaskirche in Volkmarsdorf

von Jan Oliva

Der Evangelist Lukas ist bekannt dafür, in seiner Darstellung der Ereignisse um Jesus Christus den Fokus auf die armen, einfachen Leute zu legen. Dass Volkmarsdorf im Jahre 1893, als die Lukaskirche eingeweiht wurde, ein typisches Arbeiterviertel war, dürfte den Namensgebern wohl bewusst gewesen sein.

Gegen Ende des 19. Jahrhunderts war Volkmarsdorf ein aufstrebender Vorort Leipzigs, der seine eigene Kirche brauchte. Nach Plänen des prominenten Architekten Julius Zeißig wurde ein imposanter Backsteinbau im neogotischen Stil mit 1.000 Sitzplätzen errichtet. Im Zweiten Weltkrieg schwer getroffen, sind von der einstmals aufwendigen Gestaltung des weitestgehend in Holz gehaltenen Innenraums leider nur noch einzelne Elemente erhalten geblieben, etwa das große Altarraumfenster mit seiner Darstellung der vier Evangelisten. Das ebenfalls dort befindliche Stehkreuz wurde aus groben Dachbalken gefertigt, die von benachbarten Gründerzeithäusern stammen. Diese wurden in den 1980er Jahren abgerissen und durch Plattenbauten ersetzt. An der Kirchenfassade sind die fünf szenischen Mosaike über den verschiedenen Eingängen sehenswert. Überragt wird das Kirchenschiff und der gesamte Stadtteil von einem 71 Meter hohen Turm. Aus dem Zug schon von weitem sichtbar, signalisiert er mir stets: »Du bist wieder zuhause«.

Eine Infotafel auf dem Kirchenvorplatz weist auf die Rolle der Kirche in der Wendezeit hin. Gegen Ende der 1980er Jahre entwickelte sich die Lukaskirche mit ihrem damaligen Pfarrer Christoph Wonneberger zu einem Treffpunkt oppositioneller Gruppen. Im Juli 1989 wurde hier der »STATT-Kirchentag« abgehalten, eine Gegenveranstaltung zum betont unpolitischen Kirchentag der sächsischen Landeskirche.

Als die Lukaskirche gebaut wurde, zählte die dazugehörige Gemeinde rund 18.000 Mitglieder. Deren dras-

Gut zu wissen:

Lukaskirche, Volkmarsdorfer Markt, 04315 Leipzig. Aktuelle Gottesdienstzeiten auf der Website der freikirchlichen St. Trinitatisgemeinde: www.lutherisch-leipzig.de. Anreise: Haltestelle Hermann-Liebmann-Straße / Eisenbahnstraße, Straßenbahn (Linien 1, 3, 8), Bus (Linie 70).

tische Reduzierung auf nunmehr 350 Personen, von denen nur ein Bruchteil regelmäßig in die Kirche geht, führte dazu, dass längst nicht mehr jeden Sonntag Gottesdienst gefeiert wurde. Dies hat sich vorerst geändert, da das Gebäude einen neuen Nutzer gefunden hat: Eine lutherische Freikirche, deren bisheriges Gotteshaus in Eutritzsch zu klein geworden ist, hat die Lukaskirche mit neuem geistlichem Leben gefüllt und erwägt, die temporäre Pachtung zu verlängern. Ein Modell, das ich als Student der Theologie beobachte — vielleicht ist es ja zukunftweisend.

3

Leipzig

Süd

Übersicht Scoutbeiträge

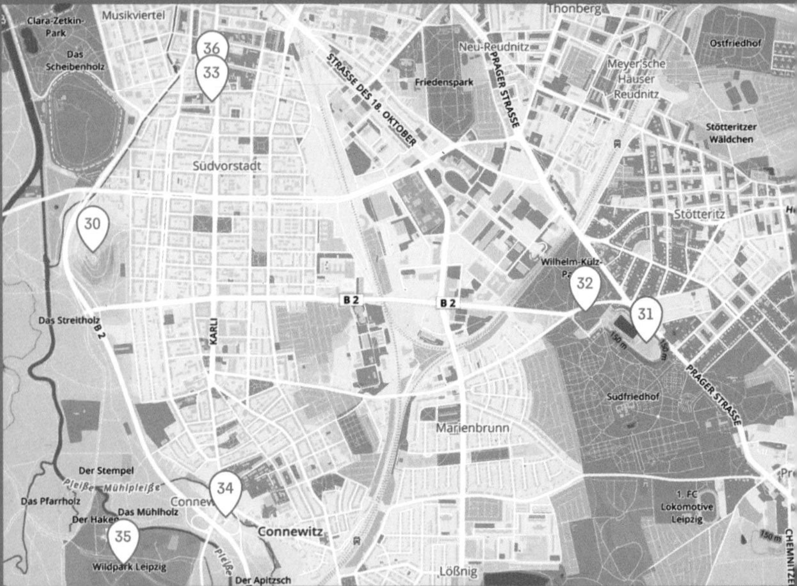

Karl-Liebknecht-Straße heißt die Lebensader der Szenekieze im Süden — nach dem hier geborenen Sozialdemokraten. Zwar haben Südvorstadt und Connewitz etwas ihres links-alternativen Charmes eingebüßt. Sie bilden aber noch immer das Herz subkultureller Lebenskultur(en), was auch die Graffiti-Dichte anzeigt. Lasst dich einfach am Volkshaus beginnend die Südmeile hinunter treiben und vom Angebot der kleinteiligen Ladenstruktur überraschen. Nach Sonnenuntergang wird das Gebiet zum Bermudadreieck, in dem von Cocktailbar bis Punk-Pub viele Inseln zum Anlanden locken. Toll am Süden ist die Nähe zum Wald mit dem Wildpark. Und hier warten die zwei schönsten Aussichtspunkte: Der Fockeberg und das Völkerschlachtdenkmal, das selbst nur halb so imposant ist wie der Blick, den es auf die Stadt gewährt.

Stadtspaziergang: Berg im tiefen Tal — der Fockeberg

von Franziska Reif

Der Begriff »Leipziger Tieflandbucht« sagt eigentlich alles: In dieser geologischen Formation hat alles ungefähr die Oberfläche einer Tischtennisplatte. Wer wie die Verfasserin dieser Zeilen so aufgewachsen ist, vermisst vielleicht nichts, überliefert sind aber zahlreiche Klagen über die mangelnde Landschaft der Stadt Leipzig. Joachim Ringelnatz schrieb: »Die Berge sind so schön, so erhaben! — Aber es gibt hier keine.« Die vorhandenen Hügelchen lugen derart verschüchtert in die Gegend, dass sie wohl nur Feldherren auffallen, wenn sie gerade die Völkerschlacht überwachen wollen. So ist der Monarchenhügel in Liebertwolkwitz (159 Meter) zu seinem Namen gekommen, der Galgenberg gleich um die Ecke überragt ihn um drei Meter.

Diese und noch eine sehr kleine Handvoll mehr sind auf natürlichem Weg entstanden. Andere Erhebungen sind dadurch ins Flachland gewachsen, dass man aufgeschüttet hat, was sowieso gerade übrig war. Auch das Völkerschlachtdenkmal steht auf einem künstlichen Hügel. Vielleicht hatten die Erbauer Angst, der düstere Koloss könnte übersehen werden, als sie loszogen, altes Geschirr und Schutt zu sammeln, auf dem sie dann das Kriegsgedenken in Porphyr setzten. Das Schuttmodell setzte sich durch, man sagt nur nicht schnöde Kippe oder Deponie dazu, sondern Scherbelberg.

Nach dem Zweiten Weltkrieg wurden Schutt und Gebäudereste zusammengekehrt und auf die Bauernwiesen in der Südvorstadt gesetzt. Der neue Berg von 40 Metern (153 über NN) steht da, als hätte er schon die frühzeitlichen Besiedlungen gesehen und heißt im Volksmund Fockeberg.
Und dort steppt der Berg: Fockeberglauf, das Internationale Seifen-

Gut zu wissen:

Fockeberg an der Fockestraße, 04275 Leipzig. Höhe Hardenbergstraße / Steinstraße. Anreise: Haltestelle August-Bebel-Straße / Kurt-Eisner-Straße, Bus (Linien 60, 89) bzw. Haltestelle Karl-Liebknecht-Straße / Kurt-Eisner-Straße, Straßenbahn (Linien 10, 11).

kistenrennen Prix de Tacot und das Fockebergzeitfahren, ein Radrennen, sind mehr oder weniger ernst gemeinte sportliche Veranstaltungen im Jahreslauf. Downhillfahrer nutzen die steilen Hänge, andere einfach die Aussicht vom Plateau oder die dortigen Wiesen für Picknick und Lagerfeuerstimmung mit Gitarre. Die Aussicht treibt natürlich nicht zuletzt in der Silvesternacht die Massen nach oben. Wer alleine über die Welt nachdenken oder zu zweit romantisch werden will, braucht also richtig schlechtes Wetter. Oder versucht es werktags am Vormittag.

Das Völkerschlachtdenkmal

von Sabrina Lieb

Ein krachendes Donnern hallt durch die alten Mauern, in der Ferne schneidet sich ein gezackter Lichtstrahl durch die schwarzen Wolken. Wir sitzen unter einem kleinen schützenden Vorsprung. Die Rücken lehnen an der großen Stahltür, die Arme sind um die angewinkelten Beine geschlungen. Der Wind wird immer heftiger und bläst den Regen mittlerweile bis kurz vor unsere Füße. Der Schal über den Schultern verspricht leider nicht die erhoffte Wärme und allmählich wird es hier oben kalt und ungemütlich. So hatten wir uns unseren Sonntagabend nicht vorgestellt. Wir waren bereits auf dem Heimweg, als sich die ersten Zeichen des Gewitters ankündigten. Und doch reizte die Idee, sich das Spektakel aus der Höhe anzuschauen. Da ist ja auch gleich was um die Ecke. Und das Unwetter? Bestimmt bald vorbei. Denkste.

Mein erster Besuch am Völkerschlachtdenkmal war nass, kalt und unfreiwillig lang. Und dennoch möchte ich die Nacht nicht missen, in der ich auf einer der geschichtsträchtigen 364 Steinstufen gesessen habe. In der Dunkelheit einer Gewitternacht zeigt sich der kolossale Tempel für Tod und Freiheit in Europa noch mystischer und kraftvoller als bei Tag. Wie ein mahnender Wächter steht das rund 90 Meter hohe Monument fest verwurzelt auf der Erde, spürbar mit einer gewaltigen Geschichte verbunden: Der ersten großen Massenschlacht der Menschheitsgeschichte. Mehr als eine halbe Million europäischer Soldaten standen sich im Oktober 1813 auf den Schlachtfeldern um Leipzig gegenüber, von denen mehr als 110.000 während der blutigen Kämpfe ihr Leben verloren haben oder in den Folgejahren durch Hunger und Seuchen starben. Dank engagierter Bürger wurde das Völkerschlachtdenkmal von 1898 bis 1913 erbaut.

Die Mystik des Ortes zeigt sich auch im Inneren: Mantrenähnliche Klänge ziehen sich durch die offenen

▶ Gut zu wissen:

Völkerschlachtdenkmal, Straße des 18. Oktober 100, 04299 Leipzig, www.voelkerschlachtdenkmal-leipzig.de, Tel. +49 (0)341 2416870. Öffnungszeiten: April bis Oktober, Mo. – So. 10 bis 18 Uhr; November bis März: Mo. – So. 10 bis 16 Uhr. Führungen: Do. 14 Uhr (Anmeldung erforderlich). Anreise: Haltestelle Völkerschlachtdenkmal, S-Bahn (Linien S1, S4), Straßenbahn (Linien 2, 15).

Stockwerke, von denen aus man einen durchgehenden Blick bis zur Dachkuppel hat. Meterhohe Steinfiguren umsäumen die Ebenen. Stolz thronen sie auf ihren Sockeln und scheinen das Monument zu bewachen — mehr noch, die Besucher aus den Augenwinkeln zu beobachten. Man selbst mag sich ihrer Anwesenheit nicht so schnell entziehen und verharrt am besten einen Moment lang auf einer der Bänke. Und lauscht. Hier drinnen, im Trockenen, kann man gut eine Weile bleiben und Geschichte auf sich wirken lassen.

Stein des Anstoßes — der Kolonialstein am Völkerschlachtdenkmal

von Dorit Kristine Arndt

Im Schatten des Völkerschlachtdenkmals liegt ein Findling. Gerade einmal rund 1,2 Meter, geduckt neben einer Tanne befindet er sich. Ein wahrer Geschichtsbrocken, verzeichnet auf der Liste der Kulturdenkmale des Landesamtes für Denkmalpflege Sachsen. Einer der Gründe dafür lässt sich heute nur noch erahnen. Es ist eine Inschrift, die einst auf dem Stein angebracht wurde. »Deutscher Gedenkt Eurer Kolonien«, stand einmal auf dem Findling.

Ursprünglich sollte statt des Steins ein großes »Landes-Kolonial-Kriegerdenkmal« für die in den verschiedenen Kolonialkriegen gefallenen Soldaten errichtet werden, so das Ergebnis einer Recherche des Vereins »Engagierte Wissenschaft e. V.« Demnach plante der »Königlich-Sächsische Militärverein China- und Afrikakrieger« ein rund achteinhalb Meter hohes Ehrenmal. Da jedoch der Erste Weltkrieg ausbrach, fehlten Gelder und es blieb lediglich beim Entwurf.

Dem Stein kam indes nach dem verlorenen Ersten Weltkrieg und den abhandengekommenen Kolonien eine andere Bedeutung zu. Er wurde zum Gedenkort kolonialrevisionistischer Kreise. Statt der umgekommenen Soldaten wurde nun der verlorenen Kolonien gedacht.

In der DDR wurde die Inschrift ohne viel Aufheben getilgt. Eine breite öffentliche Diskussion über Denkmäler oder den Umgang mit der kolonialen Vergangenheit fand nicht statt, bemerkt der Verein »Engagierte Wissenschaft e. V.« Auch in der westdeutschen Nachkriegsöffentlichkeit wurde das Thema des deutschen Kolonialismus totgeschwiegen. Es stellt sich die Frage, welche Art der Geschichtspolitik für eine kritische Auseinandersetzung dienlich ist. Immer wenn ich vor dem Völkerschlachtdenkmal stehe, betrachte ich den Stein. Es ist ein Stein des Anstoßes, an dem Geschichte haftet, die aber nur für Eingeweihte erkennbar wird. Wie viele solche Orte mit postkolonialer Geschichte in Leipzig mag es noch geben?

► Gut zu wissen:

Der Kolonialstein steht am rechten Rand des großen Parkplatzes (Ecke Prager Straße / An der Tabaksmühle) vor dem Völkerschlachtdenkmal.

Von Kellern und Höfen in der »Feinkost«

von Franziska Reif

Anfang bis Mitte der Neunziger kam selten jemand auf die Idee, Fahrräder der Marken Mifa oder Diamant zu klauen. Die Ostware wurde geschmäht und gnadenlos auf den Müll verfrachtet. Dort zogen sie Horst Naumann und Thomas Pracht raus, machten sie wieder flott und verkauften sie. Der Laden Rücktritt, in dem die beiden 1996 ihren Gebrauchtradhandel begannen, befand sich im zweiten Hinterhof des Feinkostgeländes und gehörte zu den Begründern des Milieus in den leer stehenden Gebäuden. Dazu gehörte die Kulturreihe »Posing Pop und Poesie« mit Lesungen, Konzerten und Disco und das winterliche Eiscafé Capri wurde im Sommer zur »Fetten Majunke«, dem Freisitz vor dem Fahrradladen. Zusammen mit dem Publikum von der Karl-Liebknecht-Straße wurde so manche Hinterhofparty bestritten und beim Schreiben dieser Zeilen werden dunkle Erinnerungen an ferne Nächte mit Musik und Alkoholika in tiefen Kellern wach.

Mitte des 19. Jahrhunderts als Brauerei gebaut, wurden in der Feinkost ab den 1920ern Nahrungsmittel produziert, zwischen Zweitem Weltkrieg und 1990 stellte der VEB Feinkost Konserven her. Danach standen die Gebäude inklusive ihrer Keller erstmal leer, schrittweise zogen Händler, Handwerker und Künstler in die Ziegelwände. Als Abrisspläne laut wurden und anstelle des im Besitz der Treuhand befindlichen Denkmals ein Einkaufszentrum gesetzt werden sollte, gründete sich 2004 eine Genossenschaft. Ein Teil des Geländes konnte der Treuhand nach langem Hin und Her abgekauft werden, die hinteren Höfe durften einem Discounter weichen. Der Fahrradladen ist inzwischen in die Grünewaldstraße gezogen und hat längst seine eigene Flotte.

In der Feinkost geht die sanfte Sanierung weiter, immer mehr Flächen können genutzt werden. Regelmäßig locken Märkte die halbe Stadt auf den Hof, im Sommer finden dort Kino und Theater statt und am Tag des offenen Denkmals kann auch mal ein Blick in die Keller geworfen werden. Von den

► Gut zu wissen:

Feinkost eG, Karl-Liebknecht-Straße 36, 04107 Leipzig, www.feinkostgenossenschaft.de. Anreise: Haltestelle Südplatz, Straßenbahn (Linien 10, 11).

Ur-Bewohnern sind noch der Klamottenladen Mrs. Hippie und der Computerladen und Club Absturz da, die nach wie vor kleinteilige Gewerbestruktur reicht ansonsten vom Spielzeugladen bis zum Schuhmacher. Laue Nächte werden im Biergarten unter der Löffelfamilie verbracht. Die hat die Stadt ausgerechnet Erich Honecker zu verdanken, der die Initiative »Leipzig — Stadt des Wassers und des Lichts« anstieß, in deren Zuge 1973 die bunt blinkende, Suppe löffende Figurengruppe aus Vater, Mutter und zwei Kindern als Feinkost-Leuchtreklame installiert wurde.

Das Conne Island — Vielfalt mit ganz eigenem Charakter

von David Zimmermann

Bevor ich nach Leipzig zog, kannte ich die Nikolaikirche, die neue Red Bull Arena, das Literaturinstitut, die Sternburg Brauerei und eben das Conne Island. Diese Auswahl verrät schon einiges über meine Interessen und Bekanntschaften. Vom Conne Island jedenfalls hatte ich als Institution der linken Szene gehört.

Das Conne Island liegt im südlichen Stadtteil Connewitz. Das Viertel ist bekannt für seine alternative Szene und hat sich auch in jüngerer Zeit als linkes Viertel hervorgetan. Es gibt zum Beispiel die Initiative »Connewitz für Geflüchtete« im Leopoldpark, die Geflüchteten eine vor allem sichere Unterkunft bieten möchte, was in Connewitz deutlich wahrscheinlicher als in anderen Vierteln ist. Ende August 2015 verhinderten 200 bis 300 Menschen die Verlegung zahlreicher Asylsuchender aus der Sporthalle der Hochschule für Technik, Wirtschaft und Kultur (HTWK) in Connewitz in das zu dieser Zeit wegen gewalttätigen Ausschreitungen im Brennpunkt stehende Heidenau.

Das Conne Island ist ein selbstverwaltetes Jugend-Kulturzentrum in Leipzig-Connewitz, von und für Linke, Jugend-, Pop- und Subkulturen. So heißt es auf der hauseigenen Webseite. 1992 fand hier das erste Wave-Gotik-Treffen statt, 1999 gründete sich an diesem Ort der antifaschistische Fußball-Verein »Roter Stern Leipzig«. Heute zeichnet es sich aus durch eine Vielfalt an zum Teil sehr heterogenen Möglichkeiten, den Tag oder Abend zu verbringen: Große Partys neben politischen Lesungen zwischen Bar und Bühne. Bekannte Musiker und Musikerinnen — gerade aus dem HipHop — neben Fußball-Festen der Ultras von Chemie Leipzig. Es gibt ein Café, einen großen Skate-Park hinter dem riesigen Garten, einen

► **Gut zu wissen:**

Conne Island, Koburger Straße 3, 04277 Leipzig, www.conne-island.de, Tel. +49 (0)341 3013028, tickets@conne-island.de. Anreise: Haltestelle Koburger Brücke, Bus (Linien 70, 412).

Konzert-Raum und seit einiger Zeit einen Basketball-Korb im Hof. Das Conne Island ist manchmal schwer zu durchschauen, aber eines ist wohl sicher: Seine Wurzeln hat es nicht vergessen, was sich etwa in den öffentlichen »Conne Island Plena« widerspiegelt.

Als ich das erste Mal im Conne Island war, regnete es. Ich aß im Café eines der drei Menüs (vegan, vegetarisch, Fleisch) und ging ins mit einer Plane überdachte Open-Air-Kino. Es lief Jim Jarmuschs »Only lovers left alive«, ein Film mit ganz eigenen Charakter, der gut zum Conne Island passt.

Im Wildpark sagen sich Elch, Luchs und Waldkauz gute Nacht

von Tobias Prüwer

Der Auwald ist Leipzigs grüne Lunge. An dessen südlichem Ende steht ein feines Refugium für Hirsch, Luchs & Co. — und Tiere schauende Flaneure. Der Wildpark im Connewitzer Holz beherbergt auf rund 46 Hektar 250 Tiere aus 25 Tierarten, die in den Wäldern Mitteleuropas heimisch sind.

Ich fahre am liebsten mit dem Fahrrad über die »Neue Linie« — spöttisch auch Waldautobahn genannt. Entweder suche ich den Wildpark gezielt auf oder halte wenigsten kurz auf dem Weg zum Cospudener See, um zu schauen, wie groß die Frischlinge im Wildschweingehege wieder geworden sind. Und Kinder beim Tiere beobachten zu beobachten. Dass man die hier lebenden Elche, Iltisse und Waldkäuze bei freiem Eintritt besuchen kann, machen ein Verein und Tierpatenschaften möglich.

Die Freiluftgehege sind großzügig angelegt, nicht immer ist jedes Tier zu erspähen, aber dafür haben sie den Platz sich zu bewegen. Es sind auch relative Neuankömmlinge im hiesigen Raum zu beobachten — so genannte Neozoen. Dazu zählt zum Beispiel der Waschbär. Der Marderhund, einst in Ostasien beheimatet, wurde bereits in Paunsdorf und im Rosental gesichtet. Der Nutria — einst wegen seines Pelzes besonders in der DDR auf Farmen gehalten — ist in den vielen Leipziger Fließgewässern zu Hause. In Elster, Pleiße und

► Gut zu wissen:

Wildpark Leipzig, Koburger Straße 12a, 04277 Leipzig, www.wildparkverein-leipzig.de. Öffnungszeiten: 16. März – 31. Oktober, 9 bis 19 Uhr; 1. November – 15. März, 9 bis 17 Uhr. Anreise: Haltestelle Wildpark, Bus (Linie 70).

Parthe fühlt sich der Mink in seinem Element. Der integrierte Heidegarten informiert über heimische Baumarten. Im russischen Blockhaus kann man sich bei Tee und Soljanka stärken.

Besonders gut finde ich den Erlebnispfad: Er führt ohne Begrenzung durch ein großes Gemeinschaftsgehege von Rot-, Muffel- und Damwild. Dieses lässt sich von den Besuchern gar nicht stören und man bekommt das Gefühl, der »Wildnis« ganz nah zu sein.

Wiederentdeckte Erinnerung — das Heine-Denkmal im Volkshausgarten

von Jan Oliva

Zugegeben, wirklich spektakulär ist dieses Denkmal nicht: Eine einfache Stele aus rötlichem Granit, auf dessen Vorderseite in goldenen Lettern der Name Heinrich Heines prangt. Um den Standort zu finden, bedarf es einiger Spitzfindigkeit: Man gehe durch die Gastronomie »Das Volkshaus« im Erdgeschoss des gleichnamigen Gebäudes in den Hinterhof und bis zu dessen Ende, das durch einen hüfthohen Zaun markiert wird. Jenseits des Zaunes liegt ein schattiger Garten, in dem das Heine-Denkmal unter ausladenden Ästen steht. Das Grundstück ist offensichtlich verlassen, die verwitterten Überreste eines kleinen Schwimmbeckens lassen auf die vormalige Nutzung des Areals durch einen Kindergarten schließen.

Diese Umgebung macht die Geschichte des Denkmals umso interessanter: Der Granit wurde dem sogenannten »Siegesdenkmal« entnommen, das bis zu seiner Demontage 1946 auf dem Leipziger Markt in der Innenstadt stand. Bereits in den 1920er Jahren hatten junge Gewerkschaftler die Idee gehabt, ihrem Vorbild Heine ein Denkmal zu setzen. Zur Umsetzung gelangte das Vorhaben allerdings erst nach dem Krieg. Die Einweihung erfolgte zum 150. Geburtstag des Dichters, am 13. Dezember 1947. Da sich der Stifter der Stele, der Leipziger Gewerkschaftsvorsitzende Erich Schilling, politisch unbeliebt machte und schließlich in den Westen übersiedeln musste, stand das Heine-Denkmal nicht auf der offiziellen Denkmalliste der DDR. Wiederentdeckt wurde es erst kurz nach der Wende und 1996 schließlich unter Denkmalschutz gestellt.

Die Faszination dieses Ortes mit seinem Denkmal macht für mich der ihm innewohnende Kontrast aus: Auf den ersten Blick so schlicht und unscheinbar, bei genauerem Hinsehen voll bewegter, vielschichtiger Geschichte.

Gut zu wissen:

Garten des Volkshauses und Restaurant »Das Volkshaus«, Karl-Liebknecht-Straße 30-32, 04107 Leipzig, www.volkshaus-leipzig.de. Öffnungszeiten: Mo. – Sa. ab 9.30 Uhr, So. ab 9.00 Uhr. Anreise: Haltestelle Hohe Straße oder Südplatz, Straßenbahn (Linien 10, 11).

3

4

Leipzig

West

Übersicht Scoutbeiträge

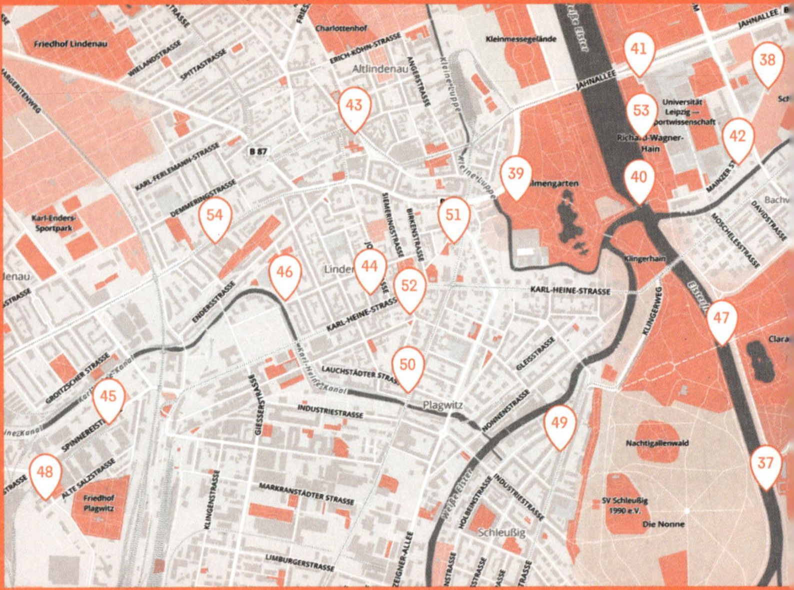

Die Industriestadt ist passé, hier stehen ihre Zeugen. Alte Fabrikgebäude, im Boom um 1900 entstanden, reihten sich lange leerstehend aneinander. Heute sind sie zu Kunst-, Kultur- und Gastroräumen umfunktioniert. Der Westen feiert mit ewigen Berlinvergleichen medial das Lob, hippster Ort Ostdeutschlands zu sein: Hypezig! Das parknahe Schleußig hat seinen einstigen Reiz verloren und gefällt sich heute als Schlafstadt für Kleinfamilien. Den Puls der Zeit kannst du zwischen Kneipen, Kunstgewerbe und Galerien in Plagwitz und Lindenau fühlen, vegane Bioburger zum Chai-Soja-Latte probieren oder lässig auf dem Karl-Heine-Kanal schippern. Wie eine Trabantenstadt schmiegt sich Grünau an den Stadtrand und überrascht als ehemalige drittgrößte DDR-Plattenbausiedlungen mit viel Grün und eigenem Badesee.

Bild S. 99: Kanufahrer auf der Weißen Elster

Stadtspaziergang: Leipzig zu Wasser

von Konrad Sell

9,0 km

Leipzig lässt sich durch seine nahezu verkehrsfreie Innenstadt wunderbar zu Fuß erkunden. Auch außerhalb der Innenstadt ist es oft nicht weit von A nach B. Weite Parks und viele Radwege sorgen außerdem dafür, dass die Drahteselvariante sehr beliebt ist. Die für den Autor hingegen schönste Art, diese wunderbare Stadt zu erleben, bietet sich vom Wasser aus. Je nach physischer Verfassung und persönlicher Vorliebe kann man dies per Kanu, Paddel- oder Ruderboot tun, die man sich entweder zentrumsnah am Bootsverleih an der Rennbahn beziehungsweise am Leipziger Eck (Schleußiger Weg) oder etwas weiter draußen am Wildpark mietet. Die Stadt und das nahe Umland bieten diverse Touren unterschiedlicher Länge und nahezu unbegrenzter Kombinationsmöglichkeiten:

Für den Start bietet sich eine Rundfahrt durch Plagwitz an. Diese dauert zwischen sportlichen eineinhalb und gemütlichen drei Stunden und führt durch den im Westen der Stadt gelegenen Bezirk, der vor allem durch seine Industriearchitektur der Jahrhundertwende besticht, die heute als Start-Up-Fläche und Wohn- wie Handwerksraum genutzt wird. Für ambitioniertere Sportler empfiehlt sich eine Tour Richtung Cospudener See oder sogar in den bald daran angeschlossenen Zwenkauer See (für 2017 geplant), in welchem es sich vorzüglich baden lässt. Auf dem Weg dorthin gibt es eine klei-

Gut zu wissen:

Start beim Bootsverleih »Leipziger Eck«, Schleußiger Weg 2a, 04275 Leipzig, www.bootsverleih-leipzig.de, Tel. +49 (0)163 2642003. Öffnungszeiten: Mai bis August, Sa. und So. sowie in den Ferientagen 10 bis 20 Uhr. Ausleihe nach Voranmeldung auch während der Woche (mehr Informationen auf der Webseite). Anreise: Haltestelle Rennbahn, Bus (Linie 60).

ne Schleuse südlich des Schleußiger Wegs zu entdecken und allerlei Flusswendungen lassen wechselnde Naturbeobachtungen genießen. Für Unentschlossene bieten sich die zahlreichen Naturschutzgebiete dazwischen an, auf denen man ohne wirkliche Ziel- oder Zeitvorgaben hin und her schippern kann. Vorsicht bei der Stromschnelle direkt nach dem Umstieg Richtung Plagwitz: Hier hat der Autor schon zwei Handys und eine Kamera in die Fluten gesetzt. Auch ein guter Orientierungssinn ist in jedem Fall von Vorteil.

Die Kirschen in Schrebers Garten

Tobias Prüwer

Sie tragen Namen wie »Gesundheitspflege« und »Heideröschen«, »Frohsinn« oder »Märchenland«. Heute gibt es 278 Kleingartenanlagen mit über 39.000 Parzellen in Leipzig. Einst als spießiges Freiluftbiedermeier verspottet, entdecken jüngere Menschen das Parzellengärtnern für sich — auch in jener Stadt, in der das Schrebergartenwesen vor gut 150 Jahren das Licht der Welt erblickte. Beheimatet im 1896 eingeweihten Vereinshaus des ersten Schrebergartenvereins, zeigt das Deutsche Kleingartenmuseum am historischen Ort Streiflichter auf diese 200-jährige Geschichte des Grünen Daumens.

Diese ging aus Ursprungslinien wie den Armen- und Arbeitergärten hervor. Der Anbau von Nahrungsmitteln war ein Motiv des Kleingärtners, auch die Naturheilbewegung zählt zu den Wurzeln — ebenso wie das »Schreberwesen«. Das entstand 1864, als zu Ehren des Leipziger Mediziners und Förderers der Gymnastik Moritz Schreber (1808–61) ein kindergerechter Turn- und Spielplatz eingerichtet wurde. Neben diesem »Schreberplatz« wurden kleine Gärten für die Kinder angelegt, bald griffen die Eltern zu Hacke und Spaten. Dieser erste Schrebergarten wird bis heute bewirtschaftet. Neben Dokumenten in Wort und Bild zur Entwicklung dieser Refugien macht der denkmalgeschützte Museumsgarten die Kleingartennutzung um 1900 anschaulich — und bietet sich innenstadtnah zum mußevollen Spaziergang an.
Ein Schaugarten zeigt die typische Nutzung in der DDR der 1970er Jahre. Wechselnde Sonderschauen — ich fand jene zur Kulturgeschichte des Gartenzwergs hübsch augenzwinkernd — widmen sich dem Laubenpiepern im weiteren Sinne. Der von mir geschätzte Leipziger Lyriker Georg Maurer hielt eine Schrebergärtnerbegegnung fest: »Während ich ein Gedicht auf ein Stück Papier kritzelte, rief mir

▶ Gut zu wissen:

Deutsches Kleingärtnermuseum, Aachener Straße 7, 04109 Leipzig, www.kleingarten-museum.de, Tel. +49 (0)341 2111194. Öffnungszeiten: Di. – Do. 10 bis 16 Uhr, im Sommer zusätzlich Sa. und So. 10 bis 16 Uhr. Anreise: Haltestelle Waldplatz, Straßenbahn (Linien 3, 4, 7, 8, 15).

sehr unmelodisch der Besitzer eines Schrebergartens zu (Pleiße trennte uns), daß man mich schon lange beobachte, wie ich mir immer Notizen mache, wo und was auf den Beeten und an den Obstbäumen wachse, damit ich dann nachts in den Gärten um so zielsicherer einbrechen könne, um Früchte und Gemüse zu klauen. Es bedurfte eines längeren Gesprächs, immer über die Pleiße hinweg, um dem Mann klarzumachen, daß es mir um die Poesie ginge. Ich mußte das laut schreien. Und in der Tat beruhigte sich der Mann, begann sich plötzlich für Poesie zu interessieren.«

Romantische Spaziergänge für Liebespaare im Palmengarten

Konrad Sell

Zwischen Elsterbecken und Lützner Straße liegt der Palmengarten am Elsterwehr, ein ursprünglich viel größeres Parkareal mit Radwegen und einem Teich, über den eine verträumte Brücke führt. Im Spätsommer, wenn die Blätter langsam ihr schönstes Kleid anlegen und die Sonne nachmittags tief genug steht, um es leuchten zu lassen, kann man seinen Liebsten im Pavillon mit Blick auf den Springbrunnen süße Geheimnisse ins Ohr flüstern und ausgedehnte romantische Spaziergänge durchs welkende Blättermeer unternehmen. Apropos Romantik: Dem großen Richard Wagner war einst ein Denkmal im nördlichen Teil des Gartens verwehrt worden. Einziges Überbleibsel ist eine kleine Terrassenanlage, die gemeinsam mit ihrem Spiegelbild auf der anderen Seite des Elsterflutbeckens ursprünglich Teil eines Denkmals für ihn werden sollte, das dann aber doch nicht in dieser Form entstand und stattdessen in Einzelteilen verkauft wurde.

Ohnehin ist der restliche Teil des Parks viel schöner und wie für Liebespaare geschaffen. Der aufmerksame Besucher wird sich allerdings fragen: Wo um alles in der Welt sind denn die Palmen? Die standen bis 1939 gemeinsam mit allerlei anderem exotischem Grün in einem eigens für sie errichteten Palmenhaus. Gemeinsam mit einem Ensemble aus verschiedenen Bauten, unter anderem auch dem Gesellschafts- und Konzerthaus, war dieses zum Zwecke des Lustwandelns im Rahmen einer Gartenausstellung 1893 errichtet und sehr zum Verdruss der Bevölkerung von den Nazis gesprengt worden, nur um einer Reichsausstellung Platz zu machen, die dann doch nicht realisiert wurde. Vielleicht ist es dieser Hauch von Vergänglichkeit, der gemeinsam mit den Blättern im Herbst die Romantik dieses Orts ausmacht. Durch den südöstlichen Ausgang im ehemaligen Klingerhain gelangt man in den Clara-Zetkin-Park entlang bis zur Sachsenbrücke.

Gut zu wissen:

Palmengarten, Lützner Straße, 04177 Leipzig. Anreise: Haltestelle Angerbrücke, Straßenbahn (Linien 3, 7, 8, 15). Von dort zu Fuß über Zschochersche Straße und Luppenstraße zum Parkeingang.

Das Palmengartenwehr ist Symbol für Leipzigs Wassergeschichte

von Tobias Prüwer

Hier am Palmengartenwehr wird für mich am deutlichsten erkennbar, dass Leipzigs Stadtentwicklung auf Wasser gebaut ist. Immerhin umfasst das Gewässernetz fast 180 Kilometer. Der Gewässerknoten von Elster, Pleiße, Luppe und Parthe machte diesen Ort überhaupt für die Besiedlung attraktiv. Überschwemmungen lassen fruchtbaren Boden entstehen. Die Flüsse dienten dem Transport, Wasserkraft bedeutete Energie — man denke an die in den Namen Floßgraben und Pleißemühlgraben angelegten Funktionen. Über den im 17. Jahrhundert erschlossenen Floßgraben brachten die Flößer Holz in die Stadt — der Floßplatz erinnert noch an ihre Anlandestelle und den Stapelplatz. Der Anschluss Leipzigs an die Weltmeere ist ein Jahrhunderte alter Traum, dem man mit dem Karl-Heine-Kanal vor gut 100 Jahren ein großes Stück näher kam. Heute ist auch der Abschnitt zum Lindenauer Hafen frei und in den nächsten Jahren soll die Verbindung der städtischen Gewässer an die Saale abgeschlossen sein und man vom Cospudener See bis nach Hamburg schippern können.

Im Verlauf des 20. Jahrhunderts wurden viele der Fließe versteckt oder trockengelegt; Leipzigs feuchtes Antlitz geriet aus dem Bewusstsein. Die Abwasserlast verschmutzte zusehends die Gewässer und die zur Naherholung eingerichteten Flussbäder verschwanden. An Lebensqualität dank Wasser war nicht mehr zu denken. Abwassereinleitungen aus der Braunkohleveredelung und der chemischen Industrie machten die Gewässer biologisch tot. Mancher Graben wurde unter die Erde verlegt, zum Teil sind sie schon wieder ans Tageslicht zurückgeholt worden. Die Deindustrialisierung nach der Wende vernichtete zwar zig Arbeitsplätze — der Natur kam es aber zu Gute.

Wenn man heute am Palmgarten-

Gut zu wissen:

Palmengartenwehr, Am Elsterwehr, 04109 Leipzig. Anreise: Haltestelle Klingerweg, Straßenbahn (Linien 1, 2). Einen besonderen Blick auf das Wehr bekommt man vom Kanu aus. Leihstation: »Kanuverleih am Rennbahnsteg«, Rennbahnweg 2a, 04107 Leipzig, www.kanuverleih-leipzig.de

wehr Weiße Elster und Elsterflutbett zusammenfließen und das Elsterbecken fluten sieht, kann man sich nicht mehr vorstellen, was für eine stinkende Brühe hier einst herumschwappte. In einer Länger von 50 Metern überspannt das Wehr die Elster. Die drei Türme der 1917 fertig gestellten Anlage lassen sie wie eine trutzige Burgmauer wirken. Und in der Tat dient sie neben der Wasserspiegelangleichung besonders dem Hochwasserschutz. Auch wenn es für mich das Symbol der Wasserstadt Leipzig ist.

Ein Zankapfel von 33 Tonnen — das Marx-Relief auf dem Campus Jahnallee

von Jan Oliva

Als »Schande für die Stadt des freiheitlichen Aufbruchs von 1989« bezeichnete der Schriftsteller und Leipziger Ehrenbürger Erich Loest das Marx-Relief — schon sind wir mitten drin in der Kontroverse um das Bronzerelief »Aufbruch« (so sein offizieller Titel). In den 1970er Jahren als programmatischer Bauschmuck für das neu errichtete Hauptgebäude der Karl-Marx-Universität geschaffen, hing das 14 Meter lange und 7 Meter hohe Kunstwerk jahrzehntelang über dessen Eingang am Augustusplatz. Der Umgestaltung des Campus fiel 2006 auch das Hauptgebäude zum Opfer. Somit stellte sich die Frage nach der Zukunft des Reliefs, dessen Zentrum der übergroße Kopf des einstigen Namenspatrons der Leipziger Uni ziert.

Die folgende Debatte um einen angemessenen Umgang mit diesem Stück Stadtgeschichte, über die selbst internationale Zeitungen berichteten, verlief zwischen zwei Lagern: Die eine Partei um Loest sowie den ehemaligen Gewandhauskapellmeister Kurt Masur forderte, das Stück einzulagern und kommende Generationen darüber entscheiden zu lassen. Universitätsrektor Franz Häuser wie auch die Studierendenvertretung sprachen sich für eine Wiederaufstellung aus.

So sollte es 2008 schließlich kommen, allerdings wurde mit dem Sportlercampus an der Jahnallee ein deutlich weniger repräsentati-

▶ Gut zu wissen:

Campus der Sportwissenschaftlichen Fakultät, Jahnallee 59, 04109 Leipzig. Anreise: Haltestelle Sportforum, Straßenbahn (Linien 3, 7, 8, 15). Durch das Hauptgebäude hindurch und dann links herum gehen. Dort steht rechter Hand das Relief.

ver Ort gefunden: Die räumliche Distanz des neuen Standortes zum ursprünglichen Kontext solle »Verantwortung und Distanz zugleich« dokumentieren. So steht es auf einer ausführlichen Infotafel vor dem Denkmal.

Für mich ist all dies ein gutes Beispiel dafür, wie Denkmäler Auskunft geben über politische Ideologie und unseren Umgang damit. Nach 30 Jahren im Herzen der Stadt findet sich das Relief nun dort wieder, wo auch die kommunistische Ideologie seit dem Untergang der DDR weilt: Abgeschoben in einen abgelegenen Winkel.

Geist und Wahn in Leipzig — das Psychiatriemuseum

von Tobias Prüwer

Geist und Wahn haben Spuren hinterlassen: Im Leipziger Psychiatriemuseum erfährt man vom kranken Woyzeck, der stigmatisierten Mundartdichterin Lene Voigt und dem berühmten nervenkranken Sohn des Namensgebers der Kleingartenbewegung Moritz Schreber. »Woyzeck! Er kommt ins Narrenhaus. Er hat eine schöne fixe Idee«: Der Fall wurde durch Georg Büchners Dramenfragment »Woyzeck« legendär. Der verwirrte Perückenmacher, der eifersüchtig seine Amour fou ersticht und von Stimmen und Geistern heimgesucht wird. Wahrscheinlich ist das Schicksal des Johann Christian Woyzeck (1780–1824) am ehesten als das eines an den Wirren der Napoleonischen Kriege beteiligten, traumatisierten Soldaten zu verstehen. Trotz Hinweisen auf eine psychische Erkrankung wurde Woyzeck bei der letzten öffentlichen Leipziger Hinrichtung enthauptet. Sein Tod bildet einen traurigen Markstein in der intensiven Verbindung, die Leipzig mit dem Interesse an der Psyche pflegt.

Denn wenn man es übersteigert mag — so wie ich — kann man sagen, dass die Psychologie in Leipzig erfunden wurde. An der hiesigen Universität wurde der weltweit erste Lehrstuhl für »psychische Therapie« eingerichtet. Den praktizierenden Nervenarzt Paul Julius Möbius (1853–1907) nannte Freud einen der Väter der Psychotherapie. Möbius legte aber mit seinen Hinweisen auf Störungen, die auf »degenerativer Entartung« beruhten, Grundsteine für die Eugenik-Politik der Nationalsozialisten, die auch im ehemaligen Parkkrankenhaus in Leipzig-Dösen mordend praktiziert wurde, wo mindestens 551 Kinder und Jugendliche getötet wurden.

Nach der politischen Wende machten Selbsthilfegruppen auf die politische Indienstnahme der Psychiatrie auch in der DDR aufmerksam. Aus dieser Bewegung entwickelte

► **Gut zu wissen:**

Sächsisches Psychiatriemuseum, Mainzer Straße 7, 04109 Leipzig, www.psychiatriemuseum.de, Tel. +49 (0)341 1406140. Öffnungszeiten: Mi. – Sa. 13 bis 18 Uhr. Anreise: Haltestelle Marschnerstraße, Straßenbahn (Linien 1, 2, 14).

sich das Sächsische Psychiatriemuseum, das die hier angerissenen Episoden und noch viel mehr verhandelt. Viele Aspekte der Seelenkunde und -qual sowie des Missbrauchs werden in diesem erstaunlichen Museum vereinigt. Mich beeindruckt an dem Integrationsprojekt besonders die Zusammenführung von Wissenschaftsgeschichte und der Perspektive von Betroffenen. Denn diese werden nicht gegeneinander ausgespielt, sondern fügen sich zum hoch informativen Gesamtbild.

Theaterbesuch mit einer Fremden im LOFFT

von Sabrina Lieb

Als Studentin verdiente ich mir meine Brötchen in einem Theater. Ich liebte das freigeistige Flair dort. Immer wieder kamen Schauspieler für einen Plausch im Büro vorbei. Ich bin schon häufig umgezogen und mittlerweile routiniert darin, welche Stationen ich ansteuere, um mich in einer neuen Stadt schnell Zuhause zu fühlen. Wie sollte es also auch dieses Mal anders sein: Eine meiner ersten Amtshandlungen in Leipzig war der Gang ins Theater.

Ich tippte »Theater Leipzig« und Google spukte mir umgehend eine Liste an Möglichkeiten aus. Ich las »Tanz, Theater, Performances« und mein Cursor steuerte auf das LOFFT zu. Das Theater hat kein eigenes Ensemble. Dafür kooperiert das LOFFT — ein Akronym für Leipziger Off-Theater — in projektbezogenen Partnerschaften mit freien Künstlern und Gruppen.

Ich entschied mich für eine Performance, die erst angelaufen war und kaufte mir zwei Karten, noch unwissend wer meine Begleitung sein sollte. Ich war mir sicher, es ließe sich schon spontan jemand finden. Aber manchmal entspricht Wunschdenken nicht immer der Realität und so saß ich kurz vor Beginn noch immer auf der zweiten Karte. Ein wenig gefrustet fasste ich folgenden Entschluss: Ich stelle mich einfach vor das Theater und lade jemanden ein. Etwas Ähnliches hatte ich vor einigen Jahren in umgekehrter Weise erlebt. Warum sollte ich also das, was ich selbst erhalten hatte, nicht auch weitergeben?

Zugegeben, es erfordert Überwindung, Menschen auf offener Straße mit »Hallo, darf ich Sie ins Theater einladen?« anzusprechen. Das erste Mal wurde ich stumm belächelt. Ein zweites Mal breit angegrinst. Und so saß ich kurzerhand neben einer kulturinteressierten Ur-Leipzigerin. Martha war schon häufiger im LOFFT gewesen und schwärmte da-

Gut zu wissen:

LOFFT — Das Theater, Lindenauer Markt 21, 04177 Leipzig, www.lofft.de, Tel. +49 (0)341 35595510. Tickets Online und an der Abendkasse. Anreise: Haltestelle Lindenauer Markt, Straßenbahn (Linien 7, 8, 15).

von, wie nah man sich den Schauspielern dort fühle. Und sie hatte recht: Der Saal war klein, Zuschauer und Akteure nur wenige Meter voneinander entfernt. Sitzt man auf einem der schwarzen Stühle, fühlt man sich schon fast wie ein Teil der Inszenierung. »Wenn wir schon beieinander sind, sollten wir auch noch bleiben« — klare Ansagen einer 68-Jährigen. Und so schlossen wir den Abend mit zwei Schokochinos im nahe gelegenen »Café Westen« und einer angeregten Diskussion über gesellschaftliche Normen und die Kunst, über den eigenen Schatten zu springen.

Wo in Leipzig die Puppen tanzen — Lindenfels Westflügel

von Tobias Prüwer

Shakespeare reitet auf der Weltkugel: Im Treppenhaus auf dem ersten Absatz hängt das Marionettchen. Es ist mein Lieblingsdetail hier, auch weil es ein hübsches Symbol für den Westflügel ist. Denn hier ist das ganze Haus Bühne, tanzen die Puppen.

Der Figurentheaterort liegt etwas versteckt um die Ecke am westlichen Karl-Heine-Boulevard. Erst auf den zweiten Blick offenbart sich das ehemalige Jugendstilballhaus, das allmählich wieder aus seiner Unscheinbarkeit geholt wurde und wird. Er wurde als Erweiterungsbau zum Ballhaus — und heutigem Programmkino — Schaubühne konzipiert und als »Etablissement Gesellschaftshalle« 1900 von Emil Franz Hänsel (1870–1943) im Stadtteil Plagwitz errichtet. Es war das erste Leipziger Projekt des Architekten, der später mit Specks Hof und dem Zentralmessepalast Berühmtheit erlangte.

Die Zeit der Noblesse währte jedoch nicht lang. Nach nur wenigen Jahren rauschender Feste sah sich der Bauherr zum Verkauf gezwungen. Der Komplex diente fortan als Ofenrohrfabrik und Lager. Rund hundert Jahre derart zweckentfremdet, geriet das Gebäude mit Einstellung der Produktion zur Nachwendezeit in Vergessenheit.

Im Jahr 2005 erwarb der Westflügel e. V. das Haus und hauchte den Hallen verblichener Eleganz wieder künstlerischen Odem ein. Seither dient er als internationales Zentrum, Produktions- und Aufführungsort für und von Figurentheater und ist zur spannenden Ergänzung der Leipziger Theaterlandschaft avanciert. Einige Figurenspieler haben den Westflügel zu ihrem festen Zuhause und zahlreiche Hochkaräter der Szene haben hier schon Station gemacht — und nicht nur mich mit ihrer Kunst begeistert.

► Gut zu wissen:

Lindenfels Westflügel, Hähnelstraße 27, 04177 Leipzig, www.westfluegel.de, Tel. +49 (0)341 2609006. Anreise: Haltestelle Felsenkeller, Straßenbahn (Linien 3, 14).

Unternehmertum und Steampunk in der Baumwollspinnerei

von Konrad Sell

Handwerk, Kultur, Gastronomie und Start-Ups: Alles findet sich versammelt in Plagwitz in der ehemaligen Baumwollspinnerei, einem weitläufigen Komplex zahlreicher Klinkerbauten mit szeniger Loft-Atmosphäre. Gegründet 1884 von Karl Heine (nach dem auch die angrenzende Kulturmeile benannt ist), war sie Anfang des 20. Jahrhunderts die größte Spinnerei in Europa. Und obwohl von diesem einst umsatzreichen Geschäft heute nichts mehr übrig ist, so gibt es doch eine Vielzahl kleinerer Unternehmungen im weitläufigen charmant gepflasterten Industriegelände.

Der Autor wurde durch das »Spin Lab« der Handelshochschule Leipzig, an der er selbst studierte, auf die Spinnerei aufmerksam: Ein beispielhaftes Projekt, das es, von der Hochschule finanziert, Gründern ermöglicht, ein halbes Jahr lang ein Büro zu beziehen, ohne sich um Dinge wie Stromrechnung oder Mietdetails kümmern zu müssen. Damit passt das »Spin Lab« ausgezeichnet in diese Umgebung, die geprägt ist vom Gründer- und Unternehmergeist und so letztlich doch gar nicht so weit entfernt ist von den Anfängen vor über 100 Jahren.

Ein besonders uriges Beispiel dafür kann man in der äußeren hinteren Ecke des ersten Hofs besichtigen: Die firetube GmbH beschäftigt sich mit der Herstellung äußerst einfallsreicher, kreativer Öfen. Ob zum Backen, Kochen, Saunieren oder schlicht zum Heizen der eigenen vier Wände, die Designs wirken ungemein praktisch und für die Ewigkeit gemacht. Paradestück ist eine eigens geschmiedete Koch- und Backmaschine, die wie aus dem letzten Jahrhundert »hergebeamt« wirkt, mit der sich Brote, Pizzen und Suppen auf rustikale Art und Weise zubereiten lassen. Gleichzeitig bringt das Monstrum eine gehörige Portion Steampunk mit, wo auch immer es auftaucht.

► Gut zu wissen:

Leipziger Baumwollspinnerei, Spinnereistraße 7, 04179 Leipzig, www.spinnerei.de, Tel. +49 (0)341 4980222. Öffnungszeiten: Di. – Sa. 11 bis 18 Uhr. Führungen Fr. und Sa., Termine und Preise siehe Webseite. Anreise: Haltestelle Plagwitz, S-Bahn (Linie S1), Straßenbahn (Linie 14).

Raum für Veränderung — die Philippuskirche Leipzig

von David Zimmermann

Als ich im Mai 2014 nach Leipzig in die Karl-Heine-Straße zog, bauten ein paar Studenten unten am Kanal ein Floß für die Sommermonate. Auch oben, über dem Kanal wurde gebaut: Nachdem die über hundertjährige Philippuskirche im Leipziger Westen mehr als zehn Jahre leer stand, belebt sie sich seit 2012 wieder. Der neue Träger, das Berufsbildungswerk Leipzig und sein Projektleiter Wolfgang Menz, möchten vieles angehen und verändern.

Inzwischen sind die Tore wieder geöffnet — für alle und jeden, Christen und Nicht-Christen, obwohl die Kirche sich klar zu ihren diakonischen Idealen bekennt. Die Veranstaltungen sind so bunt wie das Publikum: Es gibt Konzerte, Tagungen und Andachten mit dem Namen »Licht an«. Im Oktober fand ein Teil der Jazztage hier statt, immer dienstags kommen die Nachbarn und bringen Suppe mit. Die Baustelle fungierte auch schon als Ort der Mediation. Insgesamt gilt: Wer mitwirken möchte, kann mitwirken.

Lindenau zählt aus meiner Sicht zu einem der aufregendsten Viertel der Stadt, mit der Kunstveranstaltung LINDENOW oder der ökologisch-sozialen Eigeninitiative Annalinde. Hier ist vieles im Umbruch und Aufbruch und deshalb passt die Kirche genau in diese Gegend. Überhaupt: Kirche. Die Webseite führt bewusst keine Kirche im Namen und lautet schlicht: »philippus-leipzig«. Die Betreiber bewegen sich damit in den Fußspuren der Gründer, die bereits beim Bau der Kirche einiges anders machten und den Vorplatz zur Straße hin ausrichteten. Damit ist die Kirche nach Norden und nicht wie traditionell nach Osten ausgerichtet.

Ein Jahr nach meinem Umzug ist die Philippus Leipzig — solange es die anstehenden Bauarbeiten zulassen — eine Annahme-Stelle für

► Gut zu wissen:

Projekt Philippus (Philippuskirche), Aurelienstraße 54, 04177 Leipzig, www.philippus-leipzig.de, Tel. +49 (0)341 4206690. Veranstaltungstermine (auch tagsüber) auf der Webseite, oder einfach vorbeischauen! Anreise: Haltestelle Karl-Heine-Straße / Merseburger Straße, Straßenbahn (Linie 14).

Spenden an Flüchtlinge geworden. Dafür — und für alle anderen Projekte der Kirche — arbeiten hier regelmäßig sehr viele Ehrenamtliche. In den nächsten zwei Jahren ist geplant, das ehemalige Pfarrhaus zum Integrationsort mit Hotel und Restaurant umzubauen, der von Menschen mit und ohne Behinderung in einem Team betrieben wird. So versucht sich die Philippuskirche als Ort des Spagats: Zwischen notwendiger Professionalisierung und der Orientierung an den eigenen Glaubensgrundsätzen, die sich am besten bei einem Besuch vor Ort erfahren lassen.

Buntes Treiben auf der Sachsenbrücke

von Tilmann Löser

Wenn im Frühling die Tage wärmer und die Abende länger werden, dann ist die Sachsenbrücke ein wunderbarer Ort um ein Eis zu essen, Freunde zu treffen und mit etwas Glück gute Livemusik zu hören oder einen Feuerschlucker zu erleben.

Ursprünglich eine einfache breite Brücke über das Elsterflutbecken, die viele Radfahrer aus dem Zentrum kommend nutzen, um in die »In-Viertel« Schleußig und Plagwitz zu gelangen, hat sich die Sachsenbrücke in den letzten Jahren zu einem beliebten Treffpunkt für junge Leute entwickelt. Hier sitzt man, schaut auf die vorbeifahrenden Radfahrer, schlürft seinen Cappucino aus der »Radküche« und trifft Hinz und Kunz.

Der Höhepunkt des bunten Treibens sind die lauwarmen Sommerabende. Bis zu 100 bunt gekleidete Menschen haben ihren Platz eingenommen, Fahrradfahrer bleiben stehen und lauschen den Künstlern, die um die besten Plätze konkurrieren.

An der einen Ecke erklingen lateinamerikanische Rhythmen mit Cajon und Gitarre, etwas weiter hat sich ein Singer-Songwriter positioniert. Beim Untergang der Sonne kommt dann die Band mit Studierenden der nahen Musikhochschule zum Einsatz und wenn die meisten Lichter erloschen sind und nur noch die mitgebrachten Teelichter den Herannahenden auf die Ansammlung der Menschen vorbereiten, dann hat der Feuerschlucker seinen Auftritt.

Da ich in der Nähe wohne, nutze ich im Sommer gerne die Gelegenheit zu einem Spaziergang und schaue fast immer an der Sachsenbrücke vorbei. Ein wunderbarer bunter Ort voller Überraschungen — Leipzig eben!

Gebaut wurde die Brücke übrigens 1928, nachdem das Elsterflutbecken verbreitert wurde. Den Namen erhielt die Brücke als Erinnerung an den Seitenwechsel der Sächsischen Truppen von Napoleon zu den Verbündeten während der Völkerschlacht bei Leipzig 1813.

▶ Gut zu wissen:

Sachsenbrücke, Anton-Bruckner-Allee, 04107 Leipzig. Die Brücke führt über das Elsterflutbett. Die darüber führende Allee ist eine autofreie Verbindung von der Innenstadt in den Leipziger Westen. Anreise: Haltestelle Klingerweg, Straßenbahn (Linien 1, 2).

Ein Probenort für Leipziger Musiker

von Tobias Prüwer

Originell ist der Name nicht, zugegeben. Dafür geht es inhaltlich umso bunter zu im Bandhaus. Gefühlt im Nirgendwo und doch leicht erreichbar, hat sich das Bandhaus seit 2010 zur feinen Undergroundinstitution der Stadt entwickelt. »Das haben sich die Jugendlichen selbst aufgebaut«, sangen einst »Tocotronic« und auf die Bandcommunity e. V. trifft das völlig zu — auch wenn nicht mehr nur Jugendliche darunter sind. Der Verein, der sich der Förderung junger Bands und musikalischer Subkulturen verschrieben hat, stemmt das Projekthaus in Neu-Lindenau. Hier haben zahlreiche Bands ihre Proberäume, derzeit sind es rund 45 Combos, die sich insgesamt 33 Räume teilen.

Das Bandhaus hat die Schwierigkeiten für Musiker, Platz zum Üben zu finden, erkannt und die Situation wesentlich verbessert. Im Jahr 2015 ist ein zweites Gebäude hinzugekommen, das zusätzlichen Raum bietet. Auch dieses hat die Bandcommunity von der Stadt erstritten. Das Schmuck- und Herzstück bildet der Bandhauskeller als Ort aller möglichen Zusammenkünfte. Im rund 150 Menschen fassenden Raum finden regelmäßig Konzerte auch mit auswärtigen Szenegrößen statt. Hierbei wird öfter die härtere Gangart gewählt, weil viele Vereinsmitglieder eben gern Metal hören; aber nicht nur. Zur Jam-Session kann sich jeder einfinden.

Das Bandhausjahr beginnt traditionell mit dem »WinterfestEvil« — zwei Tage in Stromgitarrengewittern. Bei »Totenmond« und »Endstille« etwa wollten meine Gliedmaßen nicht mehr stillhalten, mit »Lay Down Rotten« und anderen trank ich so manches After-Hour-Getränk. Im Sommer gibt's beim »Hippie Yeah!« Rock und Pop, Tanz und Feuershow. Faire Preise, kein Gehabe, gute Musik: Im Bandhaus ist die Quintessenz eines gelungenen Abends eigentlich immer zu haben.

Gut zu wissen:

Bandhaus, Saarländer Straße 17, 04179 Leipzig, www.bandcommunity-leipzig.org, Tel. +49 (0)341 91854127. Öffnungszeiten Bandhaustreff: Mo. – Fr. 18 bis 21 Uhr. Anreise: Haltestelle Plagwitz, S-Bahn (Linie S1), Straßenbahn (Linie 14).

4

Wie schmeckt das Glück? Antworten gibt es im »The Flow«

von Sabrina Lieb

Immer wieder wuselt die junge Frau umher, macht sich Notizen. Dazwischen ein kleines Arrangement mit Silberlöffeln, Mandeln und Gewürzen. Der Blog will schließlich mit Bildern gefüttert werden. »So schmeckt das Glück« prangt in großen Buchstaben an der Wand über der breiten Theke. Ich bin im »The Flow«. Das erste Paleo Café und Restaurant in Leipzig ist ein Lieblingsort für alle, die nicht nur auf natürliche Gerichte stehen sondern auch ganz bewusst verzichten möchten: Auf Gluten, Laktose und raffinierten Zucker. Drei Fragen an die Restaurantleiterin Marie Löffler.

Du bist gerade mal 25 Jahre alt und erst vor zwei Jahren nach Leipzig gezogen. Ganz schön mutig, so jung ein Restaurant in einer Stadt zu eröffnen, in der du selbst erst Wurzeln geschlagen hast.

Am Anfang realisiert man das noch nicht, rennt von Termin zu Termin. Alles ist neu, jeder Tag unvorhersehbar. Erst später kommen die Aha-Momente. Du fährst mit dem Rad durch den Park und denkst »Oh, ich bin jetzt auf dem Weg zu meinem Restaurant und das gibt es nun wirklich!« Es ist schön, wenn eine lang gehegte Idee plötzlich Realität wird.

Du hast Biotechnologie studiert, dein Partner Bernd Schumacher kommt aus der Medienbranche. Zwei unterschiedliche Wege, die sich zufällig in einer Eisdiele gekreuzt haben. Was bedeutet gutes Essen für euch?

Ich habe vor rund fünf Jahren angefangen, ganz bewusst Lebensmittel von meinem Speiseplan zu streichen, ohne die es mir einfach besser ging. Bernd hat den Health Food Gedanken von einer Reise aus Los Angeles mitgebracht. Essen bedeutet für uns mehr als Nahrungsaufnahme — es inspiriert, verbindet Menschen, schafft Emotionen und weckt Erinnerungen.

Gut zu wissen:

»The Flow«, Könneritzstraße 24 (Ecke Brockhausstraße), 04229 Leipzig, www.theflow.cafe, Tel. +49 (0)341 97512000. Öffnungszeiten: Di. – Fr. von 12 bis 22 Uhr, Sa. von 10 bis 22 Uhr, So. von 10 bis 18 Uhr. Anreise: Haltestelle Holbeinstraße, Straßenbahn (Linien 1, 2).

Was steckt genau hinter eurem Konzept?
Unser Fokus liegt auf natürlichen, nährstoffreichen Lebensmitteln. Wir achten auf Nahrungsmittelintoleranzen und kochen ohne Gluten, raffinierten Zucker und größtenteils ohne Laktose. Wir verwenden ausschließlich Weidefleisch sowie Saisonales und Regionales in Bioqualität. »The Flow« steht dabei für ein Lebensgefühl, das wir weitergeben möchten: Wir lieben was wir tun und wollen, dass unsere Gäste unser Restaurant mit dem Bewusstsein verlassen, etwas Gutes für ihren Körper getan zu haben.

Asiatische Hausmannskost im Chumumi in Plagwitz

von Franziska Reif

Mister Chu führt das Restaurant in Plagwitz, seine Mutter steht in der Küche — fertig ist der Name »Chumumi«. Der Jahrgang von Frau Mama — 1956 — ist wohl der Grund dafür, dass die Einrichtung sich an den Fünfzigern orientiert, und zwar an denen Südostasiens. Ein wenig kolonial wirken die dunkel verputzten Wände mit nackten Rohren an der Decke, die Lämpchen sind mit feinen Netzen verhüllt, Schwarz-Weiß-Fotografien an den Wänden zeigen Szenerien aus einer längst vergangenen Zeit.

Es ist nicht nur dieses wohldurchdachte Inneneinrichtungskonzept, das das Chumumi von vielen anderen asiatischen Restaurants unterscheidet. Ein Blick auf die dampfenden Teller im vollbesetzten Raum und ein zweiter in die Karte lassen derart das Wasser im Mund zusammenlaufen, dass sofort der Wunsch besteht, hier mindestens einmal in der Woche einzukehren. Auf der Karte wird die mögliche Bandbreite der vietnamesischen Küche, die Vielfalt an Zutaten und Gewürzen zelebriert. Die Suppen kommen als klare Kräuterbrühe oder mit Klößchen, gefüllt etwa mit Garnele und Huhn, mit Sesamöl und Koriander oder mit Pilzen und tropischen Gemüsen. Die Sommerrollen enthalten golden gebackenen Räuchertofu oder Garnelen und Hack. Bei den Hauptspeisen werden neben Pho — traditioneller Nudelsuppe mit vietnamesischer Fischsauce, Limetten, Chili und Kräutern — Fleisch von Rind, Huhn, Ente, Schwein oder Wels auf variantenreiche Weise mit Gemüse und frischen Kräutern serviert, mal ist von Erdnüssen die Rede, mal von Ingwer, mal von süßer Sojareduktion oder Thaibasilikum. Natürlich kommt die vegetarische Tradition nicht zu kurz und es gibt die in der Stadt nicht oft zu findenden Reisbandnudeln, was ebenfalls eine willkommene Abwechslung ist. Die Fülle der Zutaten und ihrer Kom-

▶ Gut zu wissen:

Chumumi, Zschochersche Straße 50a, 04229 Leipzig, www.chumumi.de, Tel. +49 (0)341 4807507. Öffnungszeiten: Di. – So. 10.30 bis 15.30 Uhr und 17 Uhr bis 22.30 Uhr. Mister Chu akzeptiert alle gängigen Zahlungsmittel. Anreise: Mit der Straßenbahn, Haltestelle Elsterpassage (Linie 3), Haltestelle Felsenkeller (Linie 14).

binationsmöglichkeiten findet sich in der Getränkekarte wieder. In Kräutersalzlake eingelegte Limetten mit Zitronenblättern und Akazien-Honig bilden ein Getränk, Tee mit Chrysanthemenkugel in grünen Sencha-Blättern mit gerösteten Sojabohnen ein anderes. Serviert wird im Schraubglas ohne Deckel, wenn nötig, mit Holzlöffel zum Umrühren und gerne in satten Farben. Wenn draußen abends die Lämpchen unter der roten Markise brennen, scheint es Gast wie Passant tatsächlich ein bisschen so, als lebte hier das alte Hanoi wieder auf.

von Sabrina Lieb

Ein Sommerabend im August. Über mir hängen bunte Lampions. In einer Gartenecke steht eine offene Küche, in der vier Köche eifrig zugange sind. Lange Tafeln mit weißen Tüchern, drum herum ein bunter Haufen an unterschiedlichen Menschen. Wir warten auf den ersten von vier Gängen mit Zutaten frisch aus dem Garten. Viele Gäste mögen sich hier zum ersten Mal sehen und doch ist alles so unbefangen: Hier im Grünen zu sitzen, um gemeinsam zu essen. Beim Gartendinner von Annalinde. Hinter dem Namen steckt nicht etwa eine nette Gastgeberin sondern ein urbanes Landwirtschaftsprojekt im Leipziger Westen. Mit offenem Garten und Gärtnerei, gegründet 2011 mit dem Ziel, Gemeinschaft zu leben und den Sinn für einen nachhaltigen Umgang mit Lebensmitteln zu schärfen.

Drei Monate nach dem Dinner treffe ich auf ein Gesicht dahinter: Philipp Scharf ist Chefgärtner und führt mich durch die Gärtnerei. Immer wieder zupft er Blätter ab und reicht sie mir. »Probier mal!«, Der Oregano schmeckt ausgesprochen scharf, der Winterpostelein leicht nussig. Dann beginnt er zu erzählen. Schnell merkt man dem 28-Jährigen an, dass Annalinde für ihn mehr ist als nur Arbeitsstätte. Ein Lebensmittelpunkt sei daraus geworden. Gebürtig aus Zwickau, hat es den Gartenbauingenieur 2011 nach Leipzig verschlagen, um das Projekt mit aufzubauen.

Ein Jungpflanzenverkauf namens »Prinz Charles« oder »Viva la Vielfalt«, ein Begegnungsprojekt mit Flüchtlingen: Mittlerweile gedeihen bei Annalinde nicht nur Lebensmittel sondern zahlreiche Nebenprojekte. Bildung nimmt dabei einen wichtigen Stellenwert ein. Unter den Kooperationen befinden sich Kindergärten, Schulen und soziale Einrichtungen. In Zusammenarbeit mit der Diakonie Panitzsch übernehmen Mitglieder einer Behindertenwerkstatt den Anbau von Kartoffeln und Kürbissen. Die Gärtnerei ist Einsatzort der sächsischen Lehmbaugruppe, in der Aktivierungsmaßnahmen mit jungen Arbeitslosen durchgeführt werden.

► Gut zu wissen:

Annalinde - Offener Gemeinschaftsgarten, Zschochersche Straße 12, 04229 Leipzig, www.annalinde-leipzig.de. Öffnungszeiten: Siehe Webseite. Anreise: Haltestelle Felsenkeller, Straßenbahn (Linien 3, 14). Interessierte können den Gemeinschaftsgarten mitgestalten oder sich in eine der Arbeitsgruppen einbringen.

Und wie steht es um die Zukunft von Annalinde? Eine Streuobstwiese, ein nachhaltiges Energiekonzept und mehr Gemüse-Abo-Kisten sind bereits auf der Agenda. Beim offenen Garten hingegen stehen Verhandlungen mit der Stadt um eine Mietverlängerung ab 2017 an. Sicher ist: Annalinde soll weiter wachsen und sich stärker auf städtischer Ebene verankern, damit der Ort nicht nur eine Bildungs- und Begegnungsstätte bleibt, sondern auch Arbeitsplätze schafft.

Armageddon über Leipzig-Plagwitz

von Tobias Prüwer

Helheim geschlossen? »Wenn die Hölle dicht ist, kommen die Toten auf die Erde«, könnte man frei nach »Dawn of the Dead« meinen und das auch als Warnung verstehen. Denn das Helheim — benannt nach der Unterwelt in der nordischen Mythologie — stand 2014 irgendwo zwischen Ämter-Hickhack und Stadtteilaufwertung aufgerieben vor dem Aus. Eigentlich passt die Film-Anspielung ganz gut, ist Romeros Zombie-Streifen doch auch verfilmte Kapitalismuskritik. Denn das Helheim sollte nie Goldgrube sein, war immer mehr Herzens- und Nebenprojekt — und als solches wird es bis heute weitergeführt. Eine Unterstützergruppe hält den Laden unter anderem mit Soliaktionen am Laufen.

Vor zehn Jahren zog der Laden in die Räumlichkeiten einer Eckgaststätte. In jenen Jahren war im Leipziger Westen noch nichts zu spüren vom kommenden Boom. Mich zog es immer widerwillig in die Gegend. Aber zum Glück gab es ja das Helheim. Die Release-Partys lokaler Metal-Geschwader, die ich hier erlebte, kann ich gar nicht mehr aufzählen. Von den Malen, die man sich »nur so« hier traf, ganz zu schweigen. Kulinarisch geht es bodenständig zu und man sucht die drei goldenen Haare in der Suppe vergeblich. Neben dem normalen Kneipenbetrieb wird einmal die Woche das »Mittwochsfutter« serviert, das stets deftige Hausmannskost meint: Rinderbraten Burgund mit Schwarzwurzeln und Petersilienkartoffeln oder Eier in Senfsoße mit Kartoffeln und Gurkensalat. Heute gibt's Geflügelleber mit Kartoffelstampf und gebratenen Zwiebeln. Bergeweise wird aufgetischt. Es schmeckt, wie es sich gehört, und scheint auch die anderen Anwesenden in Schwarz gehaltener Bekleidung satt und zufrieden zu machen.

Mit einem Absacker in der Hand, aus

Gut zu wissen:

Helheim, Weißenfelser Str. 32, 04229 Leipzig, www.helheim-leipzig.info, Tel. +49 (0)341 8706376. Öffnungszeiten: Mi. – Sa. ab 19 Uhr (Open End), Di. und So. 19 bis 1 Uhr. Anreise: Haltestelle Felsenkeller, Straßenbahn (Linien 3, 14).

dem Getränkeangebot — Cocktails und Longdrinks heißen stilecht Assischorle (Goldkrone mit Zitronenlimonade), Blue Death (Wodka, Blue Curaçao) und Vidergänger (Met, Wodka, Apfelsaft) — picke ich ein einfaches Rosen-Pils, lasse ich mich ins Ledersofa fallen. Mein Blick schweift über Kickertisch und Kachelöfen zum angeschlagenen Kulturprogramm. Sonntag wird gemeinsam beim »Tatort« geraten, donnerstags stehen Lesungen an, freitags gibt es »Metal-Alarm« aus der Konserve. Hin und wieder heißt es »Armageddon über Plagwitz«. Helheim bleibt.

Wo ein Baumstamm die Sitzlehne ist — Café Zierlich-Manierlich

von Hannah Rößner

Der Park als Café — was kann es Schöneres geben? Die Wiese wird zum Tisch, die Mauer zum Hocker und der Baumstamm zur Sitzlehne. Der Park, das ist das rechte Ufer des Richard-Wagner-Hains. Dort steht auch der knallgrüne Bauwagen »Zierlich-Manierlich«. In den Sommermonaten verwöhnt »Zierlich-Manierlich« Gäste mit Heißgetränken, Bio-Limonaden, Kuchen, Quiches, Paninis und anderen Leckereien aus Bio-Zutaten. Dazu kommt der Blick auf das Elsterbecken und die Brücken Oberes Elsterwehr und Zeppelinbrücke. Wer sich hier niederlässt kann Radfahrer, Jogger und Spaziergänger beobachten. Ich mag das sehr gerne — es ist immer was los und doch kann ich mir ein ruhiges Plätzchen suchen. Mit Laptop und Buch bewaffnet muss ich dann beim Lernen weder auf Sonne und frische Luft noch auf guten Kaffee verzichten. Wenn die untergehende Sonne ihre Farben an den Himmel malt, dann lohnt es sich in den Abendstunden hier vorbei zu spazieren.

Der Richard-Wagner-Hain war ein Projekt in den 30er Jahren mit dem Ziel, dem Opernkomponisten und gebürtigen Leipziger ein überdimensionales Denkmal zu widmen. Fertig gestellt wurden allerdings nur die landschaftlichen Veränderungen, die bis heute auf beiden Seiten des Elsterbeckens zu erkennen sind. Das Elsterbecken zum Hochwasserschutz ist ein paar Jahre älter. Heute dient die Anlage

► Gut zu wissen:

Zierlich-Manierlich, Am Elsterwehr, 04109 Leipzig, www.zierlichmanierlich.de. Öffnungszeiten: März bis Oktober. Anreise: Haltestelle Sportforum, Straßenbahn (Linien 3, 7, 8, 15). Das Café bietet auch ein gutes Angebot an veganen und glutenfreien Speisen.

dem Hochwasserschutz zwar nur noch wenig, aber als Vogelschutzgebiet ist sie weiterhin sehr wertvoll.

Die angrenzende Sporthalle der Universität Leipzig wurde im August 2015 zum Schutzraum für Flüchtlinge. Das »Zierlich-Manierlich« reagierte mit der Aktion »Zahl zwei für Eins« und kann so Kaffee, Limo und Kuchen für alle Hilfsbedürftigen anbieten. Damit bekam der Richard-Wagner-Hain eine ganz neue Aufgabe:
Er wurde zum Begegnungszentrum zwischen den 450 Neulingen 134
und den Leipziger Bürgern. 135

Das Tapetenwerk — zwischen Werkstätten und Wohnungen, Galerien und Gastronomie

von Franziska Reif

Als mit der »Shredderei« Leipzigs erste und wahrscheinlich bis heute einzige Manufaktur für Longboards im Tapetenwerk eröffnete, war das in mehrfacher Hinsicht mit guten Nachrichten verbunden: Von den sympathischen Betreibern lernte ich, dass man nie zu alt ist, um das Longboarden zu erlernen. Nach dem Gebäudeensemble aus alter industrieller Zeit, das sich die Rollbegeisterten für ihre Kombination aus Herstellung und Verkauf von Longboards mit dem Betrieb eines Cafés gesucht hatten, krähten da noch nicht viele Hähne.

Dabei war die dort ansässige Kantine zu dem Zeitpunkt — Ende 2011 — schon ein Geheimtipp für die gute wie abwechslungsreiche Verköstigung in der Mittagspause. Es lässt sich aus dem Namen erraten, dass auf dem Gelände des Tapetenwerks einst Wandbekleidung hergestellt wurde. 1873 als Tapetenfabrik R. Langhammer gegründet, wurde hier nach dem Zweiten Weltkrieg als VEB Tapetenwerk Leipzig und dann als Leipziger Tapeten GmbH bis 2006 Kontinuität gewahrt — zuletzt wurden wohl auch Platzdeckchen für die Lufthansa hergestellt. Nach dem Verkauf 2007 eröffnete das Tapetenfest 1.0 das heutige Nutzungskonzept für die acht Hallengebäude und Kontorhäuser in Industriearchitektur der Gründerzeit.

Zu diesem Zeitpunkt ahnte niemand etwas von einem Hype, der um die Messestadt entstehen könnte, vielmehr sah man weiteren Schrumpfungsszenarien entgegen. Dafür galt Leipzig als Eldorado der Kreativen, die gleichzeitig dabei helfen könnten, den Leerstand zu minimieren. Gemeinschaftliches Arbeiten und Wohnen und schrittweise Sanierung bildeten ein Konzept, das tragfähiger klang als der Ausbau zu Luxuswohnungen, zumal an einer wie der Lützner Straße, die weniger für ihren Glamour bekannt ist. Eingezogen sind Büro- und Jour-

Gut zu wissen:

Tapetenwerk, Lützner Straße 91, 04117 Leipzig, www.tapetenwerk.de. Für Leib und Seele sorgt wochentags von 12 bis 16 Uhr die »Kantine 3«. Öffnungszeiten Café der »Shredderei«: Di. – Fr. 11 bis 19 Uhr, Sa. 13 bis 19 Uhr. Anreise: Haltestelle Henriettenstraße, Straßenbahn (Linien 8, 15).

nalistengemeinschaften, eine Buchdruckerei, Architekten und Landschaftsplaner, Ateliers für bildende Künstler und Galerien, eine Buchbinderei, Fotografen, ein Goldschmied, Grafik- und Mediendesigner, eine Schuhmacherin, ein Modelabel, eine Filmproduktion, eine Castingagentur — diese Aufzählung erhebt nicht annähernd den Anspruch der Vollständigkeit. Das Tapetenwerkfest findet immer noch statt, Ausgabe 18.0 wurde im Herbst 2015 absolviert. Jeden Frühling und Herbst findet auf dem Gelände ein Rundgang statt. Und vor der Shredderei rollen nach wie vor die Bretter.

5

Leipzig

Nord

Übersicht Scoutbeiträge

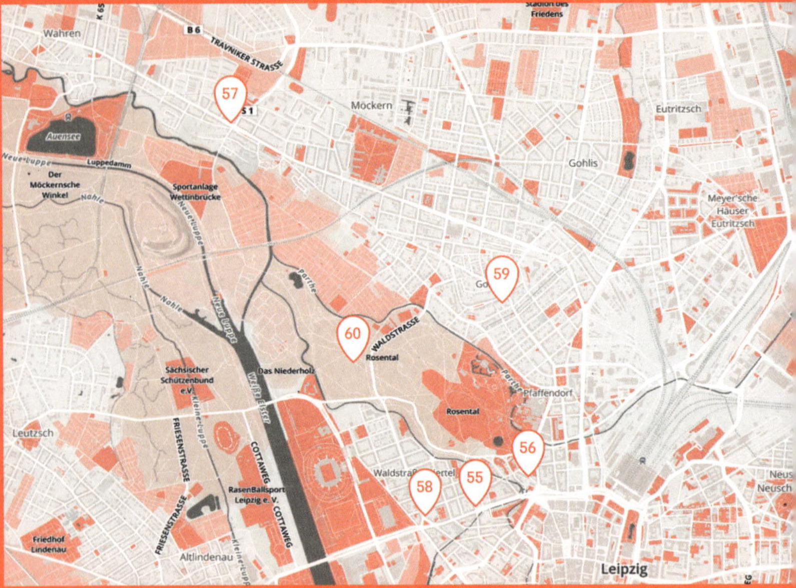

Die Verschiedengestaltigkeit der Stadtstruktur zeichnet sich in dieser Kompassrichtung besonders deutlich ab. Zwischen reinen Wohnvierteln liegt der gigantische Verwaltungskomplex der Arbeitsagentur. Unterschiedliche Bebauung zieht sich über den Eutritzscher Markt, wo es im Café Krüger feinste sächsische Eierschecke gibt, bis hin zum Glaspalast der Leipziger Messe. Im gediegenen Gohlis mit Zoo und Barockschloss reimte sich Schiller Oden zusammen; da war es noch Dorf. Ebenso hoch ist der Gründerzeitanteil im eindrucksvollen Waldstraßenviertel. Im sich dazwischenkuschelnden Rosental verdarben Mücken schon Goethe das Schäferstündchen, ein grüner Abstecher lohnt dennoch. Koste unbedingt von säuerlichem Gosebier, bevor du dich zur Liliputeisenbahn durchschlägst, die dich um den Auensee rattert.

Bild S. 139: Gohliser Schlösschen

Stadtspaziergang: Mit fünf Tipps durch's Waldstraßenviertel

von Hannah Rößner

2,0 km

Ein Stadtviertel lässt sich am besten erkunden, wenn man sich treiben lässt von seinen Eindrücken und eigenen Entdeckungen. Die folgenden fünf Tipps haben mich bei der Erkundung des Waldstraßenviertels beeindruckt und geben einen guten Eindruck in das Leben, die Kultur und die Geschichte des Viertels.

Ein Flächendenkmal aus der Gründerzeit. Mein erstes Wochenende in Leipzig, ich war unterwegs im Waldstraßenviertel: Häuser aus Klinkerstein mit Türmchen, Erkern und Verzierungen — alle anders und doch im gleichen Stil. Heute weiß ich, dass dies zurückzuführen ist auf Arnold Woldemar von Frege-Weltzien, der im 19. Jahrhundert Besitzer der Funkenburg war. Dieses großzügige Gartengelände gab er nach und nach zur Bebauung frei — allerdings erst nachdem er die Entwürfe der Architekten genehmigt hatte. So gab es klare Regeln für die Höhe der Häuser, für die Erker und für die Türmchen an jeder Kreuzung. In der Funkenburgstraße ist dieser einheitliche Baustil aus der Gründerzeit besonders gut zu erkennen.

Geboren, gelebt, berühmt. In der Gustav-Adolf-Straße 16 verbrachte 1887/88 der Komponist Gustav Mahler seine Zeit als zweiter Gewandhauskapellmeister. Das Haus liegt in der Nähe der Haltestelle »Leibnizstraße«.

Jüdisches Leben. Im Waldstraßenviertel fanden innerhalb Leipzigs überdurchschnittlich viele jüdische Bürger Heimat. Daran erinnern heute viele Stolpersteine, aber auch das »Ariowitsch-Haus«, das von der wachsenden Gemeinde nun als Kultur- und Begegnungszentrum genutzt wird. Das ehemalige Altenheim in der Hinrichsenstraße 14 sticht in seiner Architektur heraus. Diese soll an eine ausgerollte Tora erinnern.

So schön! Meine Lieblingsstraße ist

Gut zu wissen:

Startpunkt: Leibnizstraße 1, 04105 Leipzig. Anreise: Haltestelle Leibnitzstraße, Straßenbahn (Linien 3, 4, 7, 15). Informationen zu Führungen durch das Viertel: www.waldstraßenviertel.de. Im Ariowitsch-Haus finden regelmäßig Konzerte u. a. kulturelle Veranstaltungen statt: www.ariowitschhaus.de

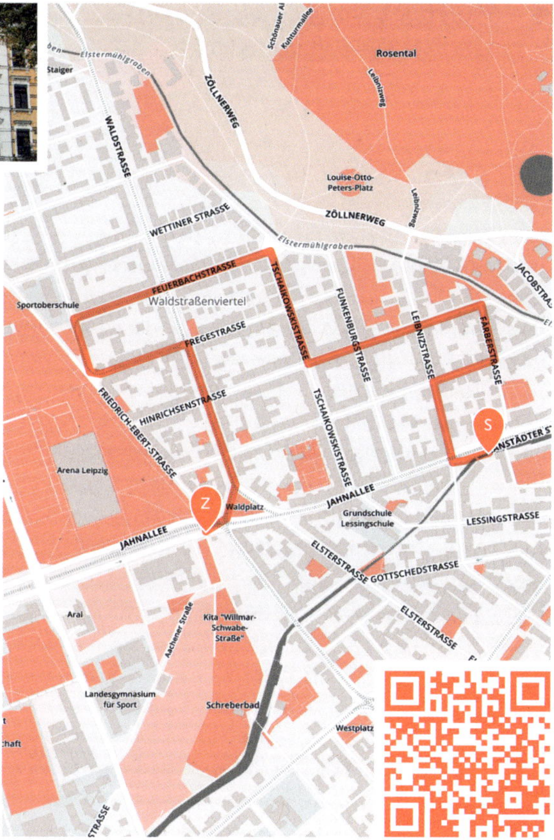

die Tschaikowskistraße. Dort kann man die schönsten Verzierungen entdecken und abends den Glanz der Treppenhäuser erhaschen. Übrigens — selbst der Baumbestand dieser Straße wurde von Frege-Weltzien festgelegt und soll an das Gartengelände erinnern.

Eis, falls heiß. Wenn die Temperatur in der Wohnung nicht mehr auszuhalten ist, dann pilgern viele »Waldstraßenviertler« zur Waldstraße 38. Denn dort bekommt man köstliches, hausgemachtes Softeis. Ein guter Ort um den Spaziergang ausklingen zu lassen.

Tagebuch der Region Leipzig — das Naturkundemuseum

von Franziska Reif

Jubiläen werden in der Stadt Leipzig für gewöhnlich dankbar angenommen und mit großem Hallo begangen. Als das Naturkundemuseum 2006 100 Jahre alt wurde, war es dagegen auffällig still. Es gab einen Empfang und im Neuen Rathaus wurden Museumsplakate aus 50 dieser 100 Jahre gezeigt. Ansonsten war Fußball-Weltmeisterschaft.

Naturkundemuseum, das klingt nach ausgestopften Elstern in staubigen Vitrinen. Tatsächlich widmet sich das Leipziger Haus der heimischen Tier- und Pflanzenwelt, dokumentiert die Siedlungsgeschichte im Raum Leipzig und dessen Geologie. Zahlreiche Fachgruppen und mit dem Haus verbundene Vereine engagieren sich mit Forschung und Veranstaltungen. Neben der ständigen Ausstellung gibt es regelmäßige Sonderausstellungen, ein naturpädagogisches Angebot für Kinder und eine öffentlich nutzbare Bibliothek mit Archiv. Das tiefe Buddeln in der Erde im Zuge der Braunkohletagebaue um die Stadt hat es ermöglicht, mehr als 50 Millionen Jahre in die Geschichte der Landschaft zurückzuschauen. Der Schatz des Museums ist seine Sammlung mit rund 2.000 Exponaten, darunter Großtierdermoplastiken, Vertreter ausgestorbener Arten und unwiederbringliche Zeugen der Landschaft vor dem Braunkohleabbau.

Man sollte meinen, dass den Leipzigern vor Stolz über dieses Museum die Brust schwillt und sie jede Gelegenheit eines Besuchs wahrnehmen. Leiter anderer Naturkundemuseen im Land haben schon öffentlich bekundet, dass sie auf diese Sammlung neidisch sind. Sie dürften froh sein, dass sie es nicht mit dem Gebäude zu tun haben, in dem das Naturkundemuseum untergebracht ist. Das sieht zwar von außen hübsch aus, ist aber innen eher verwinkelt und leicht baufällig. Den vielgelobten Exponaten fehlen Platz, Licht und Technik zu einer angemessenen Präsentation,

► Gut zu wissen:

Naturkundemuseum, Lortzingstraße 3, 04105 Leipzig, www.naturkundemuseum.leipzig.de Tel. +49 (0)341 982210. Öffnungszeiten: Siehe Webseite. Anreise: Haltestelle Goerdelerring bzw. vom Hauptbahnhof 5 min zu Fuß.

aus Platzmangel mussten in der Vergangenheit schon Sonderausstellungen abgesagt werden. All das war bereits 2006 hinlänglich bekannt, zum Geburtstagsempfang wurde eine Modernisierung versprochen. Viele Vorschläge und Konzepte dafür gab es schon, dennoch wartet das Museum immer noch auf Erlösung. Aus Gründen des Brandschutzes musste vor einigen Jahren sogar eine Etage für den Publikumsverkehr geschlossen werden. Die 800 Quadratmeter der anderen beiden Etagen werden nach wie vor bespielt.

Typen auf der Schiene im Historischen Straßenbahnhof

von Tobias Prüwer

In Möckern versteckt sich Deutschlands reichhaltigste Straßenbahnsammlung. Klingt langweilig? Von wegen. Ein Besuch beim Historischen Straßenbahnhof: Am Anfang stand die Aussicht auf guten Gewinn. Wie so oft beflügelte Merkur auch im Leipziger Personennahverkehr die Entwicklung. Englische Investoren sahen in der Gründung einer Pferde-Eisenbahn 1872 eine profitable Kapitalanlage: Ab 1872 pendelten zunächst zwei Linien zwischen Innenstadt und Reudnitz beziehungsweise Connewitz.

»Und dann kam die Elektrische«, sagt Gerhard Wirthgen und zeigt auf ein Schienenfahrzeug. Wirthgen ist mein kundiger Führer im Historischen Straßenbahnhof Möckern, der sich am hinteren Ende der Georg-Schumann-Straße befindet. Auf dem Areal wird die Geschichte der Leipziger Straßenbahn spür- und berührbar an knapp 40 in rotem, blauen und elfenbeinfarbenen Lack glänzenden Trieb- und Anhängewagen. Leipzig hat die deutschlandweit inhaltsreichste Sammlung: Von allen Wagen, die in der Stadt im Einsatz waren, sind historische Vertreter auf dem Areal versammelt. »Darum beneiden uns andere Museen«, sagt Wirthgen. »Auch darum, dass wir mit allen Wagen im Zustand ihres Ersteinsatzes im öffentlichen Netz mit Fahrgästen fahren dürfen.« Mehrmals im Jahr bietet das Museum Sonderfahrten in historischen Wagen an.

Wirthgen hat in seinem Berufsleben selbst Straßenbahnen gelenkt. Enthusiastisch leitet er mich durchs Museum, erklärt Wagentypen, zählt die Vorteile der Druckluft- gegenüber der Schleifenbremse auf und lässt mich in einen aufgeschnittenen Elektromotor gucken. An einem

► Gut zu wissen:

Historischer Straßenbahnhof, Georg-Schumann-Straße 244, 04159 Leipzig, www.strassenbahnmuseum.de, Tel. +49 (0)341 3928904. Öffnungszeiten: Siehe Webseite. Manchmal auch Rundfahrten mit historischen Zügen durch Leipzig möglich. Anreise: Haltestelle Möckern / Historischer Straßenbahnhof, Straßenbahn (Linien 10, 11).

5

Türmodell — ich darf es selbst betätigen — muss ich einsehen, wie wenig Einfluss der Fahrer auf das Schließen der Türen hat, und oft nicht der Schuldige ist, wenn ich die Straßenbahn einmal verpasse. Den Straßenbahnhof Möckern betreibt die Arbeitsgemeinschaft Historische Nahverkehrsmittel e.V. Mit Leidenschaft und Expertenwissen sind alle Fahrzeuge bis ins Detail restauriert worden. Viele Wagen sind nur erhalten geblieben, weil sie jahrzehntelang in Schrebergärten als Datschenalternative dienten. So konnten verloren geglaubte Typen gerettet werden — wenn auch als Wracks.

Einfach zum Wohlfühlen — das Ladencafé »La Chocolaterie«

von Hannah Rößner

Wie soll man den Genuss einer perfekten heißen Schokolade in französischem Flair beschreiben? Ohne, dass es kitschig wird oder alle Schokoladenklischees (Macht glücklich! Ein Gruß des Himmels! Zergeht auf der Zunge!) auf dem Papier landen? Dazu musst du einfach selbst das Ladencafé »La Chocolaterie« erleben.

Am Waldplatz lädt »La Chocolaterie« ihre Gäste mit einem Aushängeschild und liebevoller Dekoration ein. Knallrosa Schrift informiert über Neuigkeiten, wie den nächsten Schokobrunch oder den kommenden Pralinenworkshop. Die Inneneinrichtung ist aus massivem Holz, die Luft erfüllt vom Duft der Schokolade und von stimmungsvoller, angenehmer Musik. Der französische Akzent der beiden Besitzerinnen, Köchinnen und Meisterinnen der Schokolade sowie die Speisekarte lassen hier, mitten in Leipzig, ein Stück Frankreich entstehen. Quiches und Tartes, hausgemachte Marmeladen und natürlich Pralinen in allen Variationen verwöhnen den Gaumen der Gäste. Und wer dann noch nicht genug von den Köstlichkeiten hat, der kann aus dem Laden Pralinen, Spezialitäten aus Frankreich oder eine Backmischung mit nach Hause nehmen. Oder die Backmischung doch besser verschenken und hoffen, dass man nach getaner Arbeit des Beschenkten probieren darf?

Das Ladencafé »La Chocolaterie« ist ein durch und durch behaglicher Ort, an dem ich es mir gerne gut gehen lasse. Meist dann, wenn Freunde oder Familie zu Besuch sind, denn einen besonderen Anlass brauche ich schon, um mir hier eine heiße Schokolade zu gönnen. Und zu guter Letzt: An diesem Ort bekommt man das Gefühl, Jonny Depp aus dem Film »Chocolat« käme gleich von seinem Hausboot herein.

► Gut zu wissen:

»La Chocolaterie«, Waldstraße 12, 04105 Leipzig, www.la-chocolaterie.de. Öffnungszeiten: Di. – Fr. 12 bis 18 Uhr, Sa. 10 bis 18 Uhr. Anreise: Haltestelle Waldplatz, Straßenbahn (Linien 3, 4, 7, 8, 15).

5

Ohne Bedenken in die Gosenschenke

von Konrad Sell

Nicht wenige Besucher einer neuen Region, der Autor eingeschlossen, haben als eine der ersten Fragen auf ihrer Liste, welches Bier denn hier zu empfehlen sei. Nun wird Leipzig weder in Sachsen noch international ausgerechnet für sein Bier besungen, sollte man meinen; schon eher kennt man hausgemachte Wurst und vielleicht noch die Backspezialität »Leipziger Lerche«. Dessen ungeachtet, hat es neben dem Leipziger Allasch, einem süffigen (!) Kümmellikör, vor allem »die Gose« zu einigem (zumindest regionalem) Ruhm gebracht. Das wohl bekannteste Leipziger Biergetränk schmeckt besonders im Sommer, gemischt mit diversen Nektarsorten, herrlich erfrischend.

Hauptstädter bemerken schon mal gönnerisch, dies sei der »Berliner Weiße« ja nicht unähnlich und daher nichts wirklich Neues. Jeder Leipziger würde sich gegen diesen Affront natürlich wild gestikulierend und argumentierend verwehren: Denn die Gose ist mit Salz und Koriander versetzt und daher »wos völlisch ondres als des Bärlinor Gelumbe«.

Und auch wenn diese Würzmischung und sommerliche Nektarfrische zunächst wenig harmonisch wirken: Ob pur oder mit Rhabarber-, Holunder-, Johannisbeer- oder

Gut zu wissen:

Gosenschenke (Gaststube & Biergarten), Menckestraße 5, 04155 Leipzig, www.gosenschenke.de, Tel. +49 (0)0341 5662360. Öffnungszeiten: April bis September tgl. ab 12 Uhr; Oktober bis März, Mo. – Fr. ab 16 Uhr, Sa. und So. ab 12 Uhr. Anreise: Haltestelle Fritz-Seger-Straße, Straßenbahn (Linie 12).

sonst einem Fruchtnektar gemischt, die Gose ist einfach lecker. Zudem helfe ihr Konsum seinen Braumeistern zufolge bis ins hohe Alter hinein noch jung und vital zu wirken. Wenn auch nicht ausschließlich in Leipzig sondern in verschiedenen Brauereien der Region gebraut, bietet Leipzig doch ein ausschließlich ihr gewidmetes Lokal in der Menckestraße im Stadtteil Gohlis, wo sich in Ur-Leipziger Umgebung alle Gose-Mixturen durchprobieren lassen. Dazu lässt sich ein rustikaler Imbiss bestellen und dem Leipziger Singsang lauschen: »Mei Leiptzsch, däs lobsch mr.«

Das Rosental zu Füßen

von Hannah Rößner

4,0 km

Wer sich auf die Wiesen und in den Auenwald im Rosental zurückziehen will, der hat ein Gebiet zur Verfügung, das sich zwischen Gohlis-Süd, Zentrum-Nordwest und Zentrum-Nord erstreckt.

Listig haben die Bürger Leipzigs das Rosental einst gegen den Bau eines Lustschlösschens durch August den Starken (1679-1733) verteidigt. Nur die große Wiese am Eingang des Rosentals Emil-Fuchs-Straße und ein paar Wege sind ein gärtnerisches Überbleibsel aus dieser Zeit.

Seit 1878 wird das Gebiet nördlich der großen Wiese für den Zoologischen Garten genutzt, der seit 2011 das Leipziger Stadtbild mit der 16.000 m² großen Tropenhalle »Gondwanaland« prägt. Im Sommer kann man beim Grillen oder Chillen mit etwas Glück die Giraffen am Zooschaufenster beobachten. Deren Gehege grenzt direkt an die große Wiese.

Beim Spaziergang durch das Rosental lohnt es sich vor allem, einen Stopp am Aussichtshügel einzuplanen. Dorthin gelangt man, wenn man dem Flusslauf der Parthe von der Tramhaltestelle »Stallbaumstraße« auf der linken Seite durch den Wald folgt. Nach ungefähr 15 Minuten Fußweg kann man dann den Rosentalhügel erklimmen. Auf dem Hügel aus 60.000 Pferdefuhrwerken Hausmüll entstand 1896 ein erster Aussichtturm, die heutige Stahlkonstruktion wurde 1975 gebaut. Über die Baumkronen zieht es mich, wenn ich die Stadt und mein Leben darin aus einer anderen Perspektive betrachten möchte. Und der kräftige Wind dort oben hat schon so manche Sorgenfalte wieder glatt gestrichen. Auch der Spitzname »Wackelturm« kommt nicht von ungefähr.

Der weite Blick von dem 20 Meter hohen Turm kann bis ins Umland schweifen und sortiert die Ansicht

► **Gut zu wissen:**

Rosental im Leipziger Auwald. Der Aussichtsturm liegt ca. 15 Gehminuten von der Haltestelle Stallbaumstraße, Straßenbahn (Linie 4) entfernt.

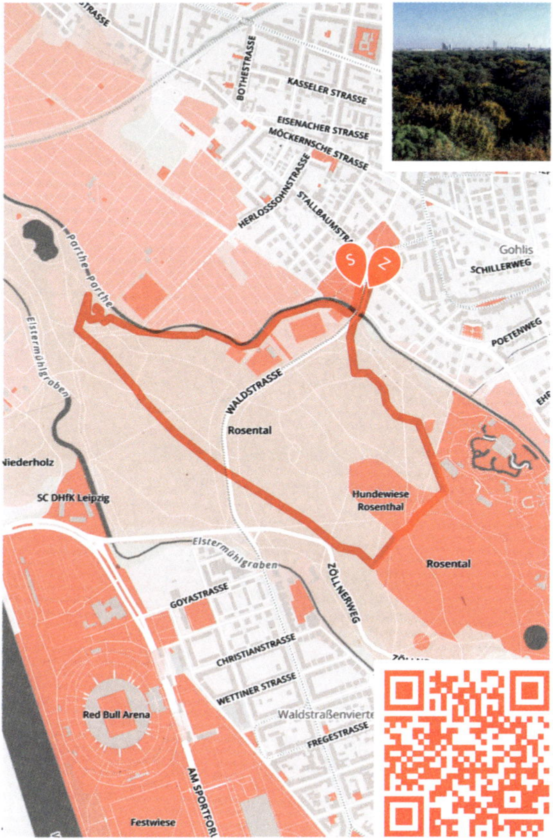

der Leipziger Türme neu. Von links nach rechts sieht man in südöstlicher Richtung die Michaeliskirche, die Heilig-Kreuz-Kirche, die Kuppel des Gondwanalandes, das Westin Hotel, das Wintergartenhochhaus, die Reformierte Kirche, das City-Hochhaus (auch bekannt als Uniriese), die goldene Kuppel der Russischen Gedächtniskirche, das Völkerschlachtdenkmal, die Thomaskirche, den Turm des Neuen Rathauses, die katholische Propsteikirche St. Trinitatis, die Peterskirche und die Kuppel des Bundesverwaltungsgerichtes.

6

Leipzig

Seenland

Übersicht Scoutbeiträge

Lange Zeit kam die Natur nicht zu Freuden, erholte sich erst mit der Deindustrialisierung. Sauberes Wasser plätschert die vielen Flüsse und Fließe entlang. Die Wasserstraßen führen hin zum Seenland im Süden. Die ehemaligen Tagebaue wirken nur Jahre nach ihrer Flutung wie natürliche Wasserlandschaften, vom Braunkohleabbau ist nichts mehr sichtbar. Allein ein kolossaler Schaufelradbagger und Bandabsetzer stehen als Monumente für den Raubbau. Für eine prächtige Aussicht besteigst du den Turm auf der Bistumshöhe, wo du auch in eine Bisonbockwurst beißen kannst. Der Auwald verbindet Stadt und Seenland. Seine artenreiche Flora und Fauna bietet eine Weltseltenheit. Nur hier blüht das blassgelbe Leipziger Windröschen, das sich als schöner Bastard aus zwei anderen Röschen entwickelt hat.

Bild S. 155: Cospudener See

Stadtspaziergang: Der Wolf lebt im Wolfswinkel

von Franziska Reif

Wer mit dem Fahrrad von der Stadt aus an den Cospudener See fährt, benutzt für gewöhnlich die sogenannte Fahrradautobahn, also den gut ausgebauten Weg namens »Neue Linie« durch den Auenwald, der hinter dem Waldrand am Wolfswinkel auf Markkleeberger Gebiet endet und dann durch Wohngebiete führt. Das Gewimmel in beide Richtungen beginnt mit den ersten Frühlingsstrahlen und ist an Tagen mit auch nur annähernd Badewetter enorm.

Bei der Konzentration auf das Verkehrsgeschehen mitten im Landschaftsschutzgebiet geht schon mal unter, was es am Wegesrand so alles zu sehen gibt. An einem trüb-kalten Februartag ist ein Ausflug geplant, um das alles mal von einer anderen Seite zu betrachten: Die gesamte Strecke erweist sich als einsam, auch auf dem Rundweg um dem See tummeln sich weder Jogger noch Inlineskater noch Kampfradler. Und Spaziergänger schon mal gar nicht, sieht man von ein paar Hundehaltern ab.

Aber so weit sind wir noch gar nicht, denn kurz vor besagtem Waldesrand fällt ein Denkmal auf: Ein steinerner Wolf steht auf einem ebensolchen Sockel und letzterer verheißt per Inschrift: »Hier wurden im Jahre 1720 die letzten Wölfe gesichtet«. Aha, und das ist eine Skulptur wert? Ja: Zu dieser Zeit und bis ins späte 19. Jahrhundert hinein war man so erpicht darauf, die angeblich ganze Schafherden reißenden Raubtiere auszurotten, dass es allgemein üblich war, dies und letzte Sichtungen mit Denkmalen zu feiern. Vielleicht bildeten die Steine auch eine frühe Form des Wolfsmonitorings.

Irgendwer hat Ende 2012 die Off-Season genutzt, um den Wolf pink anzumalen, und zwar nur den

▶ Gut zu wissen:

Wolfsdenkmal, Am Wolfswinkel, 04416 Markkleeberg. Der Wolf steht direkt an der »Neuen Linie« kurz vor dem Waldrand bei Markkleeberg. Radtour zum Denkmal: Von der Innenstadt, entlang der Pleiße und vorbei am Wildpark Leipzig (ca. 15 km hin und zurück).

Wolf. Die Farbwahl sorgt für Beachtung auch dann, wenn rundherum nicht alles grau in grau ist, und selbst der zielstrebigste Radler ist wohl schon mal im Wolfswinkel abgestiegen, um sich mit dem farbenfrohen, wenn auch langsam verblassenden Isegrim fürs Familienalbum verewigen zu lassen. Wer weiß, wie lange das Denkmal noch stehen darf. Immerhin hat das heutige Wolfsmonitoring per Kamera zu Tage gebracht, dass sich im Frühling 2015 ein Wolf in Markkleeberg herumgetrieben hat, im Raum Leipzig also der erste seit fast 300 Jahren.

Vom Freizeit-Versprechen am Cospudener See

von Dorit Kristine Arndt

Schon wenn ich mit dem Fahrrad durch den Auwald zum Cospudener See fahre, durchströmt mich ein Glücksgefühl. Gleich werde ich — das für mich in Leipzig und unmittelbarer Umgebung abrufbare — größtmögliche Gefühl von Freiheit empfinden.

Dann nämlich, wenn sich der Holzrumpf des Segelbootes durch das Wasser des Sees schneidet, sich leichte Wellen am Heck kräuseln, der Wind das Segel bläht und das Boot über den Cospudener See gleitet. Natürlich ist der See nur ein kleines Segelrevier. Aber wenn die Sonne den See glänzen lässt, drehen eigentlich immer ein paar Boote ihre Runden. Sie schippern vorbei am Nordufer mit dem Sandstrand und den vielen Badenden, die das sanfte kühle Wasser besonders an heißen Tagen als Erfrischung schätzen.

Aus der ehemaligen Tagebergbaufolgelandschaft ist ein Naherholungsgebiet mit Strand und Landschaftspark geworden, welches neben Seglern auch Wind- und Kitesurfer, Inlineskater und Radfahrer sehr zu schätzen wissen.

Maritimes Flair kommt im kleinen Hafen auf. Wer es lieber beschaulicher mag, kann sich in die »Dünen« oder in die weitgehend naturbelassenen Zonen im Westen und Süden zurückziehen. Ein rund zehn Kilometer langer, durchweg breiter und asphaltierter Weg führt rund

► Gut zu wissen:

Zum Cospudener See kann man mit dem Rad oder dem Boot fahren. Seit 2012 gibt es eine Kanalverbindung zum Elsterflutbecken (Entfernung ca. 6 km). Alternative Anreise: Haltestelle Markkleeberg, S-Bahn (S2, S3, S5) bzw. Haltestelle Cospudener See / Nordstrand, Bus (Linie 65).

um das Gewässer. Den besten Ausblick auf das ganze Gebiet, gewinnt der Besucher, der den Turm auf der Bistumshöhe am Südwestufer des Sees besteigt. Von hier kann man den Blick schweifen lassen und sich vorstellen, wie einst Bagger große Teile des Bereiches umpflügten, um an die Braunkohlereserven zu gelangen. Zurückgeblieben sind eine ganze Reihe mittlerweile geflutete Löcher und ein vom Menschen künstlich gestaltetes Landschaftsrelief, das nach der Arbeit nun Freizeit und Erholung verspricht.

LKW und Fahrgastschiff — Amphibienfahrzeug am Störmthaler See

von Franziska Reif

Wir sind zwölf Passagiere in leuchtenden Schwimmwesten, die auf dem Störmthaler See samt »Krysta« Kurs auf das von Badenden bevölkerte Ufer nehmen. Je näher das Schiff kommt, umso mehr Unruhe macht sich dort breit, Fahrradfahrer auf dem Hochweg halten an, gespannt, was das werden soll. Wir drosseln aber nicht das Tempo, sondern verlassen das Wasser und fahren an Land einfach weiter: Unser Gefährt ist ein Amphibienfahrzeug. Die Badenden nehmen beruhigt wieder Platz, die Radfahrer setzen ihre Tour fort.

Die spannendere Fahrt haben wahrscheinlich wir vor uns. Zu Land ein LKW, zu Wasser ein Fahrgastschiff. Nachdem der restaurierte DUKW-353 aus dem Jahr 1942 mit uns über die Uferhänge gewackelt ist — unter anderem an Sanddornbüschen und einem verhinderten Weinberg entlang — tuckert er wieder mit etwa sechs Stundenkilometern über das Wasser. Ziel ist der Kirchturm Vineta, eines der Projekte der Initiative »Kunst statt Kohle«, der auf einer Betoninsel mitten im See schwimmt. Die künstliche Insel beherbergt eine Außenstelle des Standesamts Großpösna — auf dem See heiraten ist schließlich mal was anderes.

Von hier aus lässt sich außerdem gut nachvollziehen, wo im Bereich der jetzigen Wasser- wie Uferflächen Ortschaften für den Tagebau Espenhain weichen mussten. Fächerartig haben sich die Bagger wie in Jahresringen vom Süden über den Westen bis in den Nordosten vorgearbeitet. Einige der Orte haben im See ein zweites Leben erhalten, so das Dorf Göhren, das zwischen 1981 und 1982 Geschichte wurde und der Göhrener Insel ihren Namen gab. Die beherbergt ein Naturschutzgebiet und ist somit für Normalsterbliche, die nicht zum Vogelberingen ausgebildet sind,

► **Gut zu wissen:**

Amphibientour im Störmthaler See (ca. 16 km südlich der Innenstadt). Preise und Termine unter www.amphibientour.de, Tel. +49 (0)341 140660. Im Mini-Amphi können bis zu 3 Personen mitfahren. Bei einer Amphibientour im DUKW-353 ist ein Picknick inklusive.

nicht betretbar. Vielleicht ist Vogelberingen die Mission des Radfahrers, der bei der Weiterfahrt vom Wasser aus auf der Insel zu sehen ist.

Selbst zum Kapitän wird man im kleineren, extrem geländegängigen, achträdrigen ARGO — auch liebevoll »Mini-Amphi« genannt —, in dem man am Steuer sitzen kann. Allerdings darf auf einen Scout nicht verzichtet werden, der bei der Orientierung im wilden Geländes um den Störmthaler See behilflich ist. Und auch bei dieser Tour ist die Route vorgegeben.

Vielfalt bei der Stadterkundung fördern

ScottyScout Redaktion

»Die macht jetzt hier Fotos und dann kommtse wieder und kauft alles auf.« Diesem Ausspruch begegnete eine unserer Scouts bei ihren Erkundungen zu diesem Stadtführer. Da springen die Bedenken ins Ohr, dass Besucherströme das Bild und damit auch die Attraktivität einzelner Stadtteile verändern – und letztendlich zu hohen Mietpreisen führen. Die Vielfalt einer Stadt verschwindet zugunsten einer vermeintlich »angesagten« aber doch einheitlichen Oberfläche.

Weniges kann diesen Trend aufhalten. Vielleicht kann der Blick über den Tellerrand beim Erkunden der Stadt aber einen kleinen Beitrag dazu leisten, dass sich nicht an jeder Ecke die nächste Imbiss-Kette oder der weltweit vermarktete Coffee-Shop breit macht. Der Bummel durch kleine Lädchen, das Bier in der Studentenkneipe oder die Einkehr in einen kleinen südländischen Imbiss im Leipziger Osten kann genau das bringen, was die Stadterkundung so bereichert: Von ungeahnt originärer Küche bis hin zu persönlich bereichernden Erlebnissen mit dem Unbekannten.

In Leipzig gibt es (noch) viele Ecken, die diese Vielfalt erlebbar machen, der Leipziger Osten gehört mit dazu. Auch ein Besuch in einem Gemeinschaftsgarten wie »Annalinde« im Westteil der Stadt gibt Einblick in das vielfältige Miteinander in Leipzig und fördert solche Initiativen.

Kunst und Kultur — mehr als Bach und Thomanerchor

ScottyScout Redaktion

Leipzig ist bekannt für große Musikerlebnisse. In der Stadt, in der Johann Sebastian Bach über Jahrzehnte wirkte, stolpert man als Besucher an vielen Orten über bekannte Musikerinnen und Musiker. Große Musikfestivals für Wave und Gothic ziehen auch viele Besucher der anderen Art an. Für Bücher ist Leipzig eine Hochburg – das sieht man nicht nur an der jährlichen Buchmesse im Frühjahr, in die die ganze Stadt mit Veranstaltungen eingebunden ist. In der Stadt haben zudem viele Verlage ihren Sitz.

Wir wollen mit diesem Stadtführer aber auch den Blick weg von den Großereignissen hin zu ein paar versteckten Perlen regionaler Wertschöpfung in Kunst und Kultur lenken. Solche Vorhaben werden meist erst möglich gemacht durch eine engagierte Gruppe aktiver Menschen, die eine gemeinsame Vision verfolgen, seien es eine — regelmäßig in ihrer Existenz bedrohte — Metal-Kneipe oder für Kulturveranstaltungen neu genutzte Kirchenräume. Spielstätten des Off-Theaters sind in der Stadt ebenso zu Hause – allein die Räumlichkeiten sind teilweise schon einen Besuch wert. Und manchmal entstehen solche Treffpunkte von Kunst und Kultur auch durch Zufall, wie das entspannte Beisammensein mit Musikern bei schönem Wetter auf der Sachsenbrücke. Sie alle haben eines gemeinsam: Sie leben vom Zustrom der Zuschauer und Zuhörer.

Scout werden

Wir glauben an gute Texte und Inhalte. Wir wissen, dass du dort, irgendwo innerhalb oder außerhalb des »Netzes« gute Texte schreibst. In deinem Blog, an deinem Computer, vielleicht auch auf der guten alten Schreibmaschine auf Papier. Vielleicht sind deine Texte auch noch gar nicht von dir aufgeschrieben. Über Orte und Städte, die du immer wieder aufsuchst. Über Begegnungen, die dich beeindruckt haben. Über Entdeckungen entlang deiner Wege. Über Strecken, die du mit dem Rad erfahren oder zu Fuß erwandert hast.

Deshalb suchen wir dich!

Willst du bei ScottyScout als Scout mitwirken?

Du stellst ScottyScout deine Texte und Bilder zur Nutzung in den Print- und Online-Reiseführern, in den PDF's, E-Books und sonstigen Kanälen der Verbreitung zur Verfügung. Gerne auch als Zweitverwertung. Wir redigieren und layouten die Beiträge und beteiligen dich entsprechend deinen Textanteilen an den Erlösen. Erfahrungen mit Online-Texten und Online-Journalismus sind hilfreich, aber keine Voraussetzung.

An jedem Reiseführer ist eine ausgewählte und limitierte Anzahl von Scouts beteiligt. So garantieren wir die Qualität und die Einmaligkeit unserer Reiseführer.

Haben wir dein Interesse geweckt? Dann nimmt Kontakt mit uns auf — auch wenn du deine Region oder Stadt noch nicht online auf unserer Webseite gefunden hast.

Telefon:
+49 (0)33439 15 19 32
E-Mail:
scout@scottyscout.com

Bildnachweis

Die Fotos stammen weitgehend von den jeweiligen Autorinnen und Autoren oder dem Verlag. Fotos für die dies nicht der Fall ist: Sabrina Lieb (Johannapark, Wochenmarkt), S. 01, 51; Tobias Prüwer (Roßplatz, Leipzig Ost) S. 15, 65; Academixer (Kabarett), S. 39; M. Dabdoub (Grassi Museum), S. 41; Conne Island, S. 93, Sächsisches Psychiatriemuseum, S. 113; Thilo Neubacher (Lindenfels Westflügel), S. 117; ZierlichManierlich, S. 135; Dorit Kristine Arndt (Cospudener See), S. 155; Tom Schulze (Amphitours), S. 163; Franziska Reif (Musikant im Feinkost), S.165;

ScottyScout
KEEP ON GOING
Besondere Tipps lokaler Scouts
Stadtführer · Radführer · Ausflugsführer
AUSFLUGSFÜHRER
Besondere Tipps lokaler Scouts
Rügen & Hiddensee
ScottyScout
so gesehen.
RADFÜHRER
Besondere Tipps lokaler Scouts
Oder & Neiße
STADTFÜHRER
Besondere Tipps lokaler Scouts
Dresden
ScottyScout
so gesehen.
Im Buchhandel und Online erhältlich
scottyscout.com